Sammler-Katalog

ALTE POSTKARTEN

„Postkarten mit Ansicht". Automat 1905/10. H. 60 cm

Sammler-Katalog

Alte Postkarten

von Wolfgang Till

BATTENBERG

Seit der ersten Auflage hat sich bei der Bewertung von Postkarten
zwar nichts grundsätzliches geändert, aber es gibt eine deutliche Tendenz,
die Spitzenstücke überproportional steigen läßt,
während die Standardkarten auf ihrem erreichten Niveau stagnieren.
Die Auswahl der Karten in diesem Buch erfolgte nicht nach solchen
Spitzenüberlegungen, sondern sollte praxisnah sein
und den durchschnittlichen Inhalt eines Albums repräsentieren.
Die angegebenen Preise berücksichtigen meist den Zustand der abgebildeten
Karte (beschrieben, unterschrieben, erkennbare Mängel etc.),
um auch über diesen Aspekt der Bewertung eine Orientierung zu geben.
Die Taxierungen stammen von der Fa. Hilmer, München,
für deren Bemühungen um die Brauchbarkeit dieses Buches an dieser Stelle
ganz besonders gedankt sei.

Die Deutsche Bibliothek – CIP-Einheitsaufnahme

Alte Postkarten / von Wolfgang Till. – Augsburg : Battenberg, 1994
(Battenberg-Sammler-Kataloge)
ISBN 3-89441-156-2
NE: Till, Wolfgang

BATTENBERG VERLAG AUGSBURG

Umschlaggestaltung: Zembsch' Werkstatt, München
Gesamtherstellung: Wiener Verlag, Himberg
Printed in Austria

ISBN 3-89441-156-2

48,– ISBN 3-89441-130-9

68,– ISBN 3-89441-080-9

28,– ISBN 3-89441-155-4

48,– ISBN 3-89441-157-0

68,– ISBN 3-89441-245-3

24,80 ISBN 3-89441-057-4

68,– ISBN 3-89441-235-6

48,– ISBN 3-89441-032-9

48,– ISBN 3-89441-970-9

68,– ISBN 3-89441-028-0

68,– ISBN 3-89441-264-X

68,– ISBN 3-89441-025-6

24,80 ISBN 3-89441-151-1

58,– ISBN 3-89441-150-3

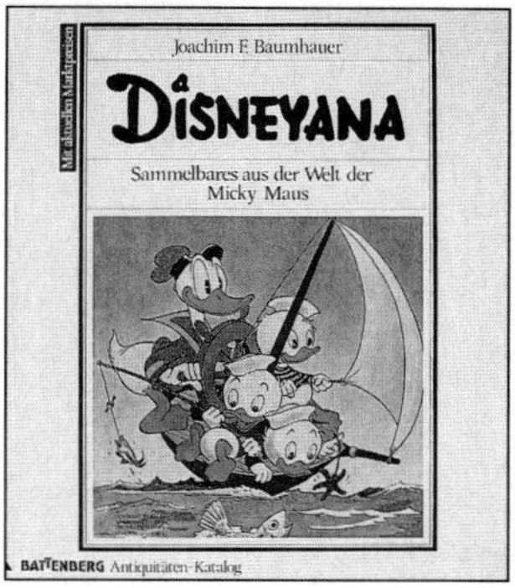

68,– ISBN 3-89441-072-8

48,– ISBN 3-89441-092-2

48,– ISBN 3-89441-047-7

28,– ISBN 3-89441-156-2

24,80 ISBN 3-89441-078-8

48,– ISBN 3-89441-169-4

24,80 ISBN 3-89441-077-9

68,– ISBN 3-89441-236-4

48,– ISBN 3-89441-128-7

58,– ISBN 3-89441-962-8

48,– ISBN 3-89441-085-X

48,– ISBN 3-89441-149-X

48,– ISBN 3-89441-170-8

24,80 ISBN 3-89441-058-2

58,– ISBN 3-89441-123-6

28,– ISBN 3-89441-171-6

58,– ISBN 3-89441-120-1

58,– ISBN 3-89441-166-X

34,– ISBN 3-89441-267-4

Ja, ich bestelle hiermit aus dem Battenberg Verlag (Aindlinger Straße 16, 86167 Augsburg) über meine Buchhandlung:

Expl.	Titel	ISBN	Preis

Absender

Preisänderungen vorbehalten 8610012

Datum/Unterschrift

INHALTSVERZEICHNIS

VORWORT

Jener Mann da drüben, der, ungeachtet aller Hektik um ihn herum, in einem Schuhkarton mit lauter Postkarten wühlt, oder richtiger: blättert, mit seinem genoppten Gummifinger; was tut er? Schauen wir ihm in diesem Buch ein wenig über die Schulter, dem Sammler alter Ansichtskarten.

Eine Zeitlang sammelte ich alte Postkarten. Vielleicht weil auf ihnen noch alles erlaubt war wie früher, als nachts die Gardinen aus jedem Fenster den Mond umgarnten oder verschlafene Küstenstriche nach nichts anderem als nach Teer und toter Pfefferminze rochen. Ich sammelte Leben, das zu Staub geworden war, aber sich auf ihnen, wie auf den ebenso alten Briefmarken, lebendig geben durfte. Das noch nicht zu Rührung und einigen Stockflecken zerfallen war...

(Karl Krolow, Anläßlich alter Ansichtspostkarten)

Wenn ich die Postkarten in die Rocktasche steckte, war ich mir des Behagens sicher, das von einer Sache ausgeht, die durchaus nicht so sein kann, wie sie sich hier abbildet. Die unverbesserlich unglaubwürdig bleibt. Dazu unnütz wie jeder Plunder, und deshalb nicht ärgerlich, weil sie zu unwichtig ist.

(Karl Krolow)

Aber diese alte, bunte Postkarte rührt an, belustigt, fesselt, weil sie in ihren ersten Jahrzehnten so etwas gewesen ist wie ein diminutiver Vorläufer des „Poster“, ein Poster des 19. Jahrhunderts sozusagen, nur eben bürgerlich, obschon nicht ganz anständig, aber immer mit Plüschpinseln koloriert.

(Claus Heinrich Meyer)

Bei einem Eisenbahnunglück sucht der Franzose eine Frauenbekanntschaft. Der Engländer läßt sich in seiner Zeitungslektüre nicht stören und ein Deutscher schreibt Ansichtskarten – notfalls sogar noch im Himmel.

(Th. Th. Heine)

Definition aus einem alten französischen Werbeprospekt für Postkarten:
„Sie stellt mit erstaunlicher Genauigkeit und Deutlichkeit Gegenstände dar, die man sonst auf Postkarten nicht abgebildet sieht; sie belustigt sowohl den, der sie verschickt, als auch den, der sie erhält; sie liefert durch ihre Originalität ein Thema, über das sich schreiben läßt, auch wenn man eigentlich nichts zu schreiben hat; sie schließt Gemeinplätze und Beleidigungen aus; sie ist ein Gegenmittel für die absurde Angewohnheit, langweilige Postkarten zu verschicken; von Liebhabern sehr begehrt, bringt sie Heiterkeit in die langweiligste Sammlung; infolge ihrer großen Auflage erfordert sie die vollkommenste Technik der Fototypie; sie ist unerläßlich für jeden Menschen, der Freunde hat; sie ist die Freude der Kartenliebhaber und bekehrt die Kartenverächter. . .“

„Das ist ja doch nimmer zum Derwarten! Ihr Bazi, ihr damischen, wann werd's denn endli fertig wer'n mit eiern Glump da? Koa oanz'ge Ansichtskarten hab i verkauft, seit ihr da die Straß'n auf-g'rissen habt!" — „Geb'n S' uns a Ansichtskarten von Eahna, gnä' Frau, grad' so wie S' jetzt dastehn — da san 10 Pfennig!"
(Aus den Fliegenden Blättern.)

WARUM ALTE POSTKARTEN SAMMELN?

Vorab seien drei hoffentlich überzeugende Gründe genannt. Nummer 1, nicht allen bekannt, von Händlern oft geleugnet und im späteren Teil des Buches noch genauer belegt: Es gibt schier unendlich viele Postkarten. Für einen Anfänger ist also der Start bedeutend einfacher, als das vielleicht mit peruanischen Goldmasken oder mittelalterlichen illuminierten Handschriften der Fall ist. Aber nicht nur die absolute Zahl der noch erhaltenen Karten ist astronomisch, auch die Vielzahl der Motive ist gewaltig. Kein Thema, das es nicht auch auf Postkarte abgebildet gibt, noch dazu in unzähligen Variationen. Und auch das Unerhörte, das, von dem man nichts geahnt hat, begegnet einem auf alten Postkarten ständig. Wie mit einem umgedrehten Guckrohr schaut man auf die Welt und die Menschen von gestern und vorgestern.

Zweiter Grund: Alte Postkarten sind Kunstwerke. In der großen Zeit zwischen 1900 und 1914 wurde zum Teil soviel Aufwand an Drucktechnik und Handarbeit in jede einzelne Karte gelegt, daß einem heutige Erzeugnisse einfach erbärmlich erscheinen müssen. Von den Künstlern, die sich mit der Postkarte beschäftigt haben, wird ohnehin noch ausführlicher zu reden sein.

Und drittens, aber für den echten Liebhaber unwichtig: Postkarten sind eine gute Wertanlage. In den 20er Jahren kam das Sammeln völlig aus der Mode. Viele Unterlagen über Herstellung und Vertrieb gingen verloren. Als die Sammler um 1960 wieder begannen, auf diesem brachliegenden Feld zu arbeiten, mußten sie feststellen, daß es für sie keinerlei Hilfen in Form irgendwie gearteter Referenzbücher, wie z.B. bei Briefmarken, gab. In der Zwischenzeit sind nun aber viele der Sammler ihre eigenen Wissenschaftler geworden und haben sich ihre Bücher selber geschrieben. Wer die Bibliographie studiert, die mit Absicht etwas umfangreicher gehalten wurde, wird allerdings feststellen, daß im englisch- und französischsprachigen Raum sehr viel mehr passiert ist als in Deutschland. Immerhin haben aber diese Bemühungen hier wie dort zur Folge, daß Postkarten nicht mehr wie Altpapier gehandelt werden, sondern Preise erzielen, die erstaunlich sind, aber trotzdem, wenn einmal die Spreu vom Weizen getrennt ist, weiter steigen werden.

REGIONALISMUS, TOPOGRAPHIE

Ortsansichten waren eines der frühesten und wohl auch häufigsten Sujets der Postkarte. Gefördert wurde diese Tendenz durch den gleichzeitigen Beginn des Reiseverkehrs in Europa, allen voran die Bildungs- und Bäderreisen, einhergehend mit der See- und Hochalpenromantik. So wie diese, wurde auch das Versenden einer Karte als obligate Statushandlung des mittelständischen Bürgertums angesehen.

In der Zeitschrift „The Referee“ vom Juli 1900 berichtet ein Autor namens G.R. Sims aus den Schweizer Alpen: „Kürzlich erstieg ich gemeinsam mit einer größeren Gesellschaft den Rigi. Unmittelbar nachdem wir den Gipfel erklommen hatten, rannte jeder zum nahe gelegenen Hotel und raufte sich um Postkarten. Fünf Minuten später schrieb ein jeder, als ginge es ums liebe Leben. Ich gewann den Eindruck, daß diese ganze Gesellschaft nicht um der Erfahrung selber willen den Berg erstiegen hatte, sondern um eine Postkarte loszuwerden."

Schloß Neuschwanstein, der Rheinfall, Eiffelturm und Freiheitsstatue gehören zu diesen fast „zu Tode" fotographierten oder lithographierten Sehenswürdigkeiten. Der topographisch interessierte Sammler wird sich nicht unbedingt auf sie stürzen, weil sie doch meist ein ziemlich statisches Bild des betreffenden Orts wiedergeben. Viel spannender wird es, wenn auf der Karte eine kleinere Straße, möglichst belebt, ein einzelnes Haus, der Bahnhof oder etwa ein Postamt zu sehen sind. Der Vergleich zwischen der alten und der heutigen Ansicht ist besonders reizvoll. Postkartenhändler, so z.B. die Bukinisten am Seineufer, haben ihre Vorräte meist schon geographisch vorsortiert. Es ist aber auch spannend, bei auf Verdacht erworbenen, meist sehr billigen Ansichtskarten die darauf abgebildeten, aber nicht näher bezeichneten Örtlichkeiten zu lokalisieren zu versuchen. Der Preis soll sich aber nicht nur nach der Darstellung richten, sondern auch nach der Genauigkeit und Schärfe, mit der Details, z. B. Namen oder Straßenschilder, lesbar sind. Manchmal wird man ein und dieselbe Ansicht finden können, nur die Moden der Passanten sind durch Retuschen verändert, oder die Pferdebahn im Vordergrund wurde durch die Straßenbahn ausgewechselt.

Inzwischen gibt es für viele Städte kleine Ansichtenanthologien. In Frankreich, wo die Verleger Reporter in jeden Winkel des Landes schickten oder von lokalen Photographen Vorlagen ankauften, entstehen immer bessere Übersichten für Karten einzelner Departments.

Wer sich nicht auf Zufallsfunde verlassen will, wende sich an Händler mit einer Suchliste, bei der die interessierenden Orte alphabetisch angeordnet sind. Oder man fügt eine Landkarte bei, auf der das Sammelgebiet eingezeichnet ist. Man gehe nicht von heutigen Verhältnissen aus: Auch kleinste Dörfer hatten um 1900 „ihre" Ansichtskarten. Zur genauen Identifizierung verwende man die jeweiligen offiziellen Gemeindeverzeichnisse. Auf die Bedeutung von Poststempeln und eventuellen Erwähnungen im Text der Karte braucht wohl nicht hingewiesen werden. In aller Regel findet man auf der Anschriftenseite vor 1909 zwei Stempel: Neben dem des Absendepostamtes meistens noch einen, der die Ankunftszeit am Bestimmungsort aufweist. Bei genauer Betrachtung wird man in vielen Fällen bemerken, daß die Post früher schneller gelaufen ist.

ALLTAGSLEBEN

In der Darstellung typischer volksnaher Szenen liegt eine der wahren Stärken der Ansichtskarte, die sehr viel zu ihrer Wiederentdeckung zu Beginn der 60er Jahre beigetragen hat. Der volkskundlich-ethnologisch Interessierte

Paris: Am Morgen in den Markthallen. Phototypie um 1905. Detailreiche Karte, auf der man z. B. auch die einzelnen Plakate auf der Litfaßsäule rechts identifizieren kann.

wird alles finden, was er braucht: Sitten und Gebräuche, Haus und Siedlungsformen, Trachten, Tanz, Handwerke usw. Der Pionier der französischen Volkskundler, Arnold von Gennep (1873–1957) war einer der ersten, der auf den Wert der Postkarte als Bilddokument aufmerksam wurde. Seine Sammlung wird heute im Pariser Musée des Arts et Traditions Populaires aufbewahrt. Wichtig für die Ortsgeschichte sind Darstellungen mit Jubiläen, Katastrophen, Besuch hoher Persönlichkeiten, aber auch örtliche Industrien (Fabrikgebäude) und öffentliche Einrichtungen (Feuerwehr, Polizei, Krankenhaus). In der Tradition graphischer Serienwerke des frühen 19. Jahrhunderts stehen die „Kaufruf"-Darstellungen, kleine Händler oder Straßenverkäufer, z. B. „Les petits metiers de Paris", oder Londoner „street-cries". Mit ein bißchen Glück findet man Karten, die von berühmten Fotografen wie Atget, Marville oder den Brüdern Seeberger stammen.

Viele Vorurteile über bestimmte Stämme, Minderheiten oder Völker wurden nicht zuletzt durch die Postkarte verbreitet: Der fensterlnde Bayer ist z. B. ein solcher Stereotyp, den es auf Postkarte öfters gibt als in Wirklichkeit. Einmal fragten mich amerikanische Freunde entsetzt, ob denn in München auch die Kleinkinder schon aus Maßkrügen trinken. Sie hatten nämlich unlängst eine Postkarte vom Münchner Oktoberfest erhalten, mit dem „Münchner Kindl" darauf, das gerade zu einem Zug aus einem Riesenmaßkrug ansetzt. Auch die Chinesen mußten es sich gefallen lassen, vor allem während der Zeit der Boxeraufstände, immer wieder dargestellt zu werden bei einer ihrer offensichtlichen Lieblingsbeschäftigungen: dem Kopfabhacken. Alte und moderne

Abbildung links und rechts: München-Thalkirchen: Photographie (um 1980) vom selben Standort wie die Ansichtskarte von 1905 (W. Hoffmann, Dresden). Obwohl das Gesamtbild überwiegend gleich geblieben ist, zeigen sich in den Details eine Unmenge kleiner und größerer Veränderungen, leider immer zum Schlechteren und Wenigerem.

mexikanische Postkarten zeigen gerne den bei Mittagsruhe im Schatten einer Agave hockenden Indio, der unter dem Schutz seines Sombreros eingeschlafen ist. Aber auch diese überaus subjektiven, folkloristischen und nicht authentischen Darstellungen sind lehrreich und ein ideales Sammelgebiet. Man lasse sich nicht täuschen: Auch Aufnahmen, die absolut echt aussehen, können gestellt sein. Der berühmte Indianerfotograf Edward Curtis z. B. benutzte auf seinen Reisen gerne Requisiten, die er den von ihm Porträtierten in die Hand drückte oder auf den Kopf setzte. Viele folkloristische Aufnahmen sind im Atelier entstanden, vor einem mehr oder minder geschickt gemalten Studiohintergrund.

Paris ist wohl die erste Stadt, wo mit Wehmut das Verschwinden überkommener Zustände (sei es im Alltagsleben oder in der kleinen Architektur) bildlich dokumentiert und diese Erzeugnisse vertrieben wurden. In München z. B., beginnt dieses stadthistorische Interesse erst um 1920, als eine ganze Reihe der malerischen Herbergshäuser in den Vorstädten Haidhausen und Au zu Motiven von Postkartenserien gemacht wurden. Als bedeutendster Sammler dieser Dokumente muß Münchens großer Komiker Karl Valentin gelten. Seine Postkartensammlung ist verstreut, der photographische Teil seiner Sammlung (also auch Photokarten) befindet sich im Stadtarchiv München.

Reklamekarte um 1925. Diente als Besuchsanzeige eines Firmenvertreters.

REKLAMEKARTEN, KARTEN FÜR AUSSTELLUNGEN

Schon früh wurde die Postkarte nicht nur zum Transport von Gefühlen verwendet, sondern auch in den Dienst der Werbung gestellt. Dabei ergeben sich vielfältige Zusammenhänge mit dem Plakat. Oft taucht derselbe Entwurf

im großen und im kleinen Format auf. Nicht immer muß dabei das Plakat die ursprüngliche Gestaltung sein. Vielleicht hat erst der Erfolg mancher Werbekarten dazu geführt, dasselbe Motiv im großen Stil zu wiederholen. Hotels und Restaurants, sofern sie sowieso in Ausflugsorten lagen, haben wohl den Anfang mit der propagandistischen Nutzung der Postkarte gemacht. Eisenbahngesellschaften und Schiffahrtslinien haben, da sie es mit dem nach Ansichtskarten verrückten Touristen zu tun hatten, rasch nachgezogen. Ab 1898 werben Industrieprodukte, wie Cibils, Bolero und Leibniz, für ihre Erzeugnisse mittels Karte. Ebenso Theater, Zirkus, Zeitung u. v. a. Bei Warenreklame handelte es sich meist um eine Zugabe beim Einkauf, und wenn dann auch noch die Rückseite mit einer Anzeige bedruckt war, gehören diese Erzeugnisse schon zu einem anderen Bereich der populären Massenkunst, nämlich zu den Sammelbildern.

Im Jahr 1882 erscheint die erste amtlich verausgabte Bildpostkarte der Bayerischen Post zur Bayerischen Landes-, Industrie-, Gewerbe- und Kunstausstellung in Nürnberg, mit einem Foto des Ausstellungsgebäudes in der Mitte des Adressfeldes. 1889 trägt die Weltausstellung in Paris maßgeblich zur Propagierung der Bildpostkarte bei. Die Ansicht vom Eiffelturm, direkt am Ausstellungsort vertrieben und gestempelt, wird weltberühmt. 1890 und 1891 kopiert man den Pariser Erfolg bei der Londoner Guildhall- und Royal-Naval-Exhibition.

1893 erscheint eine Serie anläßlich der World Columbian Exhibition in Chicago. Die II. Schwermaschinenausstellung und die Allgemeine deutsche Sportausstellung 1898 in München werden z. T. durch den Verkauf von Postkartenserien finanziert. Zur Weltausstellung 1900 in Paris erscheinen bereits unzählige Motive und 1897 sogar schon die ersten Durchscheinkarten. Enorme Auflagen werden auch 1904 in St. Louis und 1908 in White City, London, verkauft.

Prägekarte, Frankreich um 1900.

KÜNSTLERKARTEN

Als der Münchner Verleger Ackermann 1896 eine Serie von Reproduktionen ansässiger Münchner Künstler herausbrachte, hatte er den Typus der Künstlerpostkarte geschaffen. Ab 1897 entstehen unzählige dieser auch „Aquarellkarten“ genannten Ansichten in plein-airistischem Stil. Auf Veranlassung des Badischen Ministeriums für Justiz erschien bei J. Velten, Karlsruhe, eine Serie über den Schwarzwald und den Oberrhein. Der Münchner Verlag Otmar Zieher folgte bald mit seinen Erfolgskünstlern Zeno Diemer, Paul Hey, Heinrich Kley und Georg Graf. Einige Karten stammen auch von dem Landschaftsmaler Otto Strützel. Zur selben Zeit veranstaltete die Dresdner Druckerei Arnold einen Wettbewerb unter den Schülern der dortigen Akademie anläßlich der Internationalen Kunstausstellung Dresden. Den 1. Preis erhielt H.J. Hartmann, den 2. und 3. Preis J.V. Cissarz.

Ein besonderer Fall ist die Schweizer Bergpostkartenserie von Emil Nolde. In seiner Autobiographie berichtet er darüber: „Besser erging es ein paar meiner Postkarten mit den Bergbildern, die ich, während meiner Fahrten zeichnend, mit Grüßen an Freunde gesandt hatte. Dr. Hirth schrieb, mir antwortend, begeisterte und mich begeisternde Briefe. Zwei der Postkarten wurden reproduziert, und dann täglich kamen Anfragen der Sammler, dringend suchend, welche zu bekommen. Was nun tun? überlegte ich, und sie drucken lassen war der Entschluß. Zweitausend Franken Ersparnisse hatte ich und zweitausend Franken Kredit. In München erfolgte der Druck. Innerhalb von zehn Tagen waren einhunderttausend Karten verkauft, und mir wurde für jeden Tag ein freier Verdienst von eintausend Franken. Das war überraschend, mein Zukunftshoffen glühte, die Auflage aber war dahin, und bald erschienen zu Hunderten stümperhafte, eklige Plagiate, die frische, schöne

Banderole für eine Serie Münchner Künstlerpostkarten. 1908.

Alphonse Mucha.
Januar aus einer Monatsserie für Champenois, die wohl berühmteste Serie des tschechischen Postkartenkünstlers.

Idee verunreinigend. Es war eine seltsame Zeit. Auf meinem Tisch lagen die Haufen der Briefe nach Beantwortung rufend. Einer sandte mir die ganze Serie der Karten mit dazu gedichteten Reimen, und eine anerkennende Matterhornkarte kam mit Namensunterschriften bekannter Münchner Künstler – Künstler, Künstler schrieben an mich, den tappenden Dilettanten! Ich war erregt und bewegt, die Nächte schlaflos liegend, denkend, sinnend, träumend. Der künstlerische Erfolg – wenn ich ihn so nennen durfte – beschäftigte mich sehr, aber auch der materielle. Wahrscheinlich wär einem Klügeren der mehrfache Gewinn möglich gewesen, mir aber standen fünfundzwanzigtausend Franken für mein Künstlerstudium zur Verfügung, als ich das Zeichnen weiterer Karten ablehnte und hinter mir alle Brücken abbrach, um Maler zu werden.

Als ich während dieser Zeit zur Heimat reiste, sah ich in München in einem Glaskasten am Karlstor, wo jeder stehen blieb, meine sämtlichen Karten ausgehängt, und in Berlin „Unter den Linden" ebenfalls..." (Emil Nolde, Das eigene Leben. Die Zeit der Jugend 1867–1902. Verlag Du Mont Schauberg Köln 1967[3]). Während sich so einer der kommenden Protagonisten des deutschen Expressionismus sein Studiengeld verdient, tummeln sich die großen europäischen Jugendstilkünstler in der Sonne des Erfolges. Die Blütezeit der Postkarte fällt zusammen mit der großen Zeit des Jugendstils. Heute erreichen die Karten von Alphonse Mucha (1860–1939) sehr hohe Preise auf Auktionen. Seine Kreationen wurden häufig plagiert und wurden stilbestimmend auch für Massenprodukte. Kein anderer Künstler aber schöpfte die Möglichkeiten des kleinen Formates so vollkommen aus wie Raphael Kirchner (1876–1917). Seine glatt-erotischen Geschöpfe dürfen als die Vorläuferinnen der Pin-up-girls gelten. *(Serie „Cigarettes du Monde".)*

Arpad Basch, Paul Berthon, Henri Meunier, Th. Steinlen, Robida und Caran d'Ache sind nur einige andere der großen, auch für die Postkarte tätigen Plakatkünstler. In Deutschland beschränkt sich der Einfluß manchmal nur auf ornamentale Elemente, z. B. beim Rahmen um ein sonst konventionelles Porträt.

Die Karten der Wiener Werkstätte sind durch einen wissenschaftlich bearbeiteten Katalog von Traude Hansen erschlossen, sowie durch einige andere leicht zugängliche Publikationen (Mela Köhler, Egon Schiele, Fritzi Löw, Oskar Kokoschka und Ludwig Heinrich Jungnickel).

E. L. Kirchner verschickt 1908 seine erste eigene Karte, um 1915 tauchen die ersten DADA-Karten auf.
Bei Kunstreproduktionen kommen nicht die vielen Phototypie-Karten dem Original am nächsten, sondern Chromlithos, z. B. von Stengel, Dresden. Neben der Künstlerkarte blüht die Kunstkarte. Viele Künstler haben nur für die Postkarte gemalt, manche sind berühmt geworden, die meisten sind aber völlig unbekannt geblieben. Auf diese sollte man sich beim Sammeln konzentrieren.

Paris waren, konnte Bérenger mit seinen Mannen bei Razzien in Kiosken, Zeitungsläden und Druckereien rund 80000 als obszön angesehene Postkarten beschlagnahmen.
Nicht immer wurden diese Karten aber gleich vernichtet, sondern sie kamen als Beweismaterial in die Gerichtsakten und in die staatsanwaltlichen Lehrsammlungen. Wer aber zum Beispiel im Münchner Hauptstaatsarchiv hofft, die den einschlägigen Aktenfaszikeln beigegebenen Muster und Asservate noch zu finden, wird enttäuscht sein. Meist wurde das delikate Material von den Beamten dieser Behörden selbst geplündert.
In Amerika kursiert eine moderne Droodle (Bilderrätsel)-Karte, auf der nichts zu sehen ist als ein senkrechter Strich und die Legende: French postcard.

Unnötig zu sagen, daß schon um 1900 die riskanten Karten durch eine Art Mail-order-service in die ganze Welt vertrieben wurden, meist in Serien, mit aufreizenden Titeln wie: „Brennende Küsse", oder noch eindeutiger: „Pariser Sehenswürdigkeiten".

NEUHEITEN UND PATENTE

Als die Hersteller merkten, was für ein gutes Geschäft mit Postkarten zu machen war, war ihnen jeder Einfall recht, ihren Umsatz noch zu steigern. Da die Erfolge der künstlerischen Postkarte mangels Klasse nicht beliebig fortgesetzt werden konnte, suchten die Verleger andere Wege. Das Ergebnis war die Neuheiten- oder Patentkarte, in England „novelty-card":

Karten aus verschiedenen Materialien
Aluminiumfolie bedruckt, Stroharbeiten, Packpapier, Zelluloid, (seit 1980) durchsichtige Plastikfolien, Leder, Holz (erste Karte aus Holz 1896 bei Zeller, Straßburg), Kork usw. Da viele dieser Produkte nicht im Einklang mit postalischen Vorschriften waren, verschwanden sie schnell wieder.

Applikationskarten
Beliebt, z.B. auch in Bayern, waren humoristische Trachtendarstellungen mit Filzapplikation. Pilgerkarten aus Jerusalem waren mit getrockneten Blumen beklebt, Vögel mit echten Schwanzfedern wurden in Frankreich, aber auch in Mittelamerika hergestellt. Puppenkarten mit echten Glasaugen, die nicht herausfallen konnten und tönende Postkarten, die eingepreßte Rillen haben. Eine Art Racheakt an den vielen Briefmarkensammlern, die Postkarten zerschnitten haben, um an die Marke zu kommen, sind kommerziell hergestellte Postkarten mit Collagen aus zerschnittenen Briefmarken. Sehr häufig, aber seit 1901 von der deutschen Postverwaltung von der offenen Beförderung ausgeschlossen, waren Karten, die flächig oder in Konturen mit Glasstaub bestreut waren. Der Verleger Rosenblatt, Frankfurt, veredelte einfache Ansichtskarten mit einer Art Granulierung aus lauter kleinen Glasperlen.

Abbildung links u. rechts:
Französische Photokarten der Firmen A. Noyer und ABC mit aparter Kolorierung. Um 1910.

Mechanische Karten
Hebelkarten, Rotationskarten (Drehkarten): z. B. Straßburger Münsteruhr, Straßenbahnkarten mit drehbarer Anzeigetafel, Klapp- und Jalousiekarten, Aufstell-(Pop-up-)Karten, Karten, die sich zu Papiergirlanden ausziehen lassen, Fächerkarten. Die meisten Karten waren patentrechtlich geschützt, worauf sich auch oft ein entsprechender Aufdruck bezieht, der vor Nachahmungen warnt.

Durchscheinkarten
Auf der bildtragenden Schicht sind z. B. die Fenster oder ein Mond ausgeschnitten, zwischen die Gegenkaschierung ist ein farbiges Papier gelegt. Wenn nun die Karte gegen das Licht gehalten wird, leuchten Fenster und Mond wie in der Nacht. Noch größer ist der Überraschungseffekt bei den Transparenzkarten. Hält man diese Karten vors Licht, erscheinen vorher unsichtbare Figuren oder eine Reklame. Der Effekt entsteht dadurch, daß die mittlere Schicht des Kartons entsprechend ausgeschnitten ist. Karten dieses Typs sind sehr gesucht und daher auch teuer. Luminiszierende Karten leuchten nach vorheriger Beleuchtung im Dunkeln.

Zusammensetzkarten und Puzzles
Das Wissen um den Zwang der Serie machten sich Verleger radikal zu Nutze. Serien bis zu 100 Nummern (z. B. eine Reportage über die Pariser Feuerwehr in Aktion) waren nicht selten. Dabei waren aber die einzelnen Motive stets komplett. Anders bei den Karten, die erst zusammengesetzt ein Ganzes ergeben. Ein Zug mit Anhängern, Kopf des Kaisers (6 Teile), Napoleon (10 Teile), Pläne von Paris und London (4 bzw. 6 Teile). Erwähnt sollen auch noch werden die Serien mit den Wochentagen und Alphabetkarten.
„Röntgenkarten" hießen jene Karten, die mit einer geheimnisvollen Farbe bedruckt, ihre Ansicht erst preisgaben, wenn sie erwärmt oder mit einer Münze „gerubbelt" wurden.

Stereopostkarten
Karten in Spiegelschrift gedruckt, Anamorphosekarten, die entweder nur in Schräglage oder mit einem zylinderförmigen Spiegel gelesen werden konnten. Postkarten als kleine Ausschneide- und Modellierbögen (z. B. ein kleines Kasperltheater). Zu den Phantasiekarten können auch jene Karten rechnen, die ausgestanzte Löcher haben, um die Finger durchzustecken. Auf diese Weise wird die dargestellte Figur ergänzt: eine Badenixe bekommt Beine, ein Gesicht eine plastische Nase.
Präge- und Reliefkarten gehören genaugenommen auch in diesen Neuheitenbereich, wenn es sich z. B. um Landkarten mit Relief handelt.
Bis in die 50er Jahre hinein hielt sich die Ausziehkarte, kleine, hinter einem Fensterchen versteckte Leporellos. Sie heißen auch Rucksackkarten, manchmal versteckt sich das Carnet auch hinter einem Postkasten oder in einem Koffer.
Die Post und genormte Sammelalben sorgten dafür, daß die Formate relativ

Staffelei-Karte. Theo Stroefer, Nürnberg 1903.

Wagner und Lohengrin. Kleeblattmarke 1911.

unangetastet blieben. Dennoch finden sich auch da einige besondere Exzesse. Es gibt die „kleinste, größte oder längste Postkarte der Welt“. Panoramakarten in mehreren Teilen klappbar. Karten im Format von Buchlesezeichen, rund, rautenförmig u. v. m.
Originell, aber in ihrer Wirkung heute nicht mehr nachprüfbar, sind die „Duftkarten“, Blumendarstellungen mit einem Tropfen des entsprechenden Parfüms getränkt. Auf die „Staffeleikarte“ konnte das eigene Bild geklebt werden. Der Empfänger konnte die Karte dann so falzen, daß sie von selbst stand.
Gewebte, gestickte oder bedruckte Seiden- oder Satinkarten wurden 1898 in England eingeführt und wurden dann vor allem in Frankreich große Mode. In Deutschland gibt es imitierte Seidenkarten, in Seidenstruktur geprägte und mit Silber überzogene Pappkarten. In Spanien findet man heute noch Karten, bei denen direkt auf die Bildschicht gestickt ist. Häufige Motive sind Volkstrachten und Flamenco-Tänzer.

KLASSISCHE THEMEN UND ANREGUNGEN ZUM SAMMELN

Theater: Schauspielerkarten (z. B. Sarah Bernhardt), meist Fotos, Aufnahmen in Zivil oder auf Bühne. Französische Art-nouveau-Karten, oft mit Ornamentrahmen. Theatergebäude.

Vergnügungslokale, Cabarets, Vaudeville, Ballett, Volkssänger, Bühnenzauberei.

Zirkus: Buffalo-Bill-Karten, Barnum & Bailey, Hagenbecks Völkerschauen, Side-shows (Seltsame Menschen).

Kino: Der Aufstieg des Kinos fällt zusammen mit dem Niedergang der Postkarte. In Deutschland am bekanntesten die „Star-Postkarten“ des Ross-Verlags, die zugleich zur Werbung für bestimmte Filme dienten. Besonders gesucht: Charlie Chaplin, Shirley Temple, Stan und Ollie (Dick und Doof), Rudolfo Valentino. Walt-Disney-Karten gibt es in den 30er Jahren auch schon in Europa.

Musik und Literatur: Sog. „Liedkarten“ verbinden Text und Noten mit einer Illustration. Ein eigenes Thema ist Richard Wagner und seine Opern, wobei offensichtlich eine starke Affinität von Wagner- und Postkartenfreunden besteht. Unter den Sängern sind eigentlich nur zeitgenössische Karten von Enrico Caruso häufiger zu finden.
Eine beliebte Serie stellte berühmte Dichter und ihre Wohnstätten vor. Reich bestückt sind selbstredend die beiden Fixsterne am gründerzeitlichen Bildungshimmel: Schiller und Goethe.
Eine höchst geistreiche Sammlung hat Bruno Kaiser angelegt. Er besitzt über 1000 Postkarten, auf denen Menschen ein Buch lesen. Als neugieriger und

gebildeter Mensch hätte er natürlich gerne gewußt, was da so im einzelnen gelesen wird. In seinem Buch „Die Schwarte auf der Karte“ stellt er seine eigenen Gedanken darüber an.

Sport und Spiel: Karten von berühmten Boxern, Fußballern, am gesuchtesten natürlich mit Autogramm. Große Vielfalt an Karten mit Tennis-, Fußball- und Billiarddarstellungen. Seit den ersten Olympischen Spielen 1896 in Athen gibt es auch zu diesem Ereignis private und offizielle Serien.

Münzen, Geldscheine, Briefmarken und Postkarten auf Postkarten: Platzmangel und Diskretion haben schon sehr bald nach Einführung der Postkarte dazu geführt, daß Korrespondenzpartner versteckte Codes austauschten. Am weitesten verbreitet war der Brauch, die Briefmarke in bestimmter Weise aufzukleben. Erklärungen dieser „Briefmarkensprache“ finden sich häufig auf Einzel- und Serienkarten. Als 1911 das bayerische Postregal erlischt, erscheint eine witzige Serie, als Abgesang auf die alten Marken.
Geld erscheint auf Glückwunsch- und Neujahrskarten. Münzkarten oft mit aufwendigem Prägedruck. Auf dem Höhepunkt des Sammelfiebers wurde das Metier der Postkarte selbst zum Motiv: Darstellungen von Verkäufern, Postkartenkiosken, sowie Blicke in die Druckerei. Recht reizvoll sind Quodlibets, Karten, auf denen lauter kleinere Ansichtskarten ausgebreitet und wie Spielkarten übereinandergeschoben sind. In Frankreich häufiger zu finden sind Sonderausgaben aus Anlaß einer Postkartenausstellung.

Glückwünsche: Eine der hauptsächlichen Aufgaben der Postkarten war und ist es, Glückwünsche zu übermitteln. Es gibt Wünsche für praktisch alle wichtigeren Feste im Jahreslauf: Sylvester und Neujahr, Ostern, Pfingsten, Nikolaus und Weihnachten. Der Liebhaber komischer Karten wird die meiste Freude mit den sehr phantasievollen Osterkarten haben, die nicht so sehr von der kirchlichen Ikonographie geprägt sind wie die Weihnachtskarten. Pfingstkarten, die nur während eines relativ kurzen Zeitraums im Schwange waren, tragen meist Maikäfer und spielen auf Ausflug und Picknick im Freien an. Unter den Glückwunschkarten zu Anlässen im Lebenslauf sind die zum Geburtstag am häufigsten. Vor allem für Kinder gab es aber auch Namenstagskarten. Selten sind Karten speziell zur Geburt, Taufe und Hochzeit, weil bei solchen Gelegenheiten wohl das vornehmere Glückwunschblatt im Kuvert versandt wurde. Kurzlebig waren die Glückwünsche zum Schulanfang (seit den 20er Jahren) und zum Muttertag (seit 1923 in Deutschland eingeführt). Eine französische Besonderheit sind die parodierten Glückwünsche zum 1. April. Ein Fisch ist meist das Hauptmotiv. „Poisson d’avril“ (Aprilfisch) heißt Aprilscherz auf Französisch. In England und Amerika bilden die Halloween- und Valentine-Karten ein eigenes Sammelgebiet.
Bei den Glückwunschkarten wird am deutlichsten der starke Kommunikationswille sichtbar, der ja die Postkarte zum „menschlichen Dokument“ macht: ein Händedruck übers Meer sichtbar gemacht, die Geste des Blumengeschenks, usw.

Lasalle.
Sig. H. Kerstein, Rauh & Pohle, Leipzig.

Offizielle Postkarte der Deutschen Reichspost zum Jahr 1900 („Jahrhundertpostkarte“, vgl. Text S. 38/39).

Herrscherhauskarten, Monarchen: Es gibt Kartenserien von allen deutschen Fürstenhäusern, in Einzel- und Gruppenaufnahmen. Regentenbesuche, die ja oft die Jahrhundertereignisse in kleineren Ortschaften waren, Krönungen, Jubiläen, Geburt des Thronfolgers. Besonders gesucht und selten sind Karten der russischen und südosteuropäischen Monarchen. Bedeutend in seinem Nachleben als Postkarte war der Wittelsbacher Ludwig II., zu dessen Verklärung die Postkarte im Volksliedton nicht unwesentlich beitrug.

Deutsche Zeitgeschichte und Politik in Ansichtskarten hat W. Stöckle in einem preiswerten Büchlein zusammengestellt. Der Burenkrieg und der Boxeraufstand sind die ersten Ereignisse, zu denen sich Komplexe zusammenstellen lassen. Der 1. Weltkrieg war auch ein Krieg der Postkarten. Es gibt eine Unzahl von Darstellungen bei allen Beteiligten, inkl. den Vereinigten Staaten. Ein besonders trübes Kapitel ist die bis 1915 übliche Verniedlichung des Kriegs in der Form kriegspielender Kinder. Ein schwieriges, aber faszinierendes Thema sind Wahlkampfkarten. Gesucht sind Karten zum Spanischen Bürgerkrieg; im 2. Weltkrieg hat die Postkarte nicht mehr annähernd die gleiche Bedeutung wie 1914–18. Über Nazi-Karten, meist schon im größeren DIN-Format, erschien bezeichnenderweise der erste deutsche Postkartenkatalog mit Preisen.

Heraldik und Flaggen: Es gibt hervorragend gedruckte Serien mit farbigen oder vergoldeten Prägewappen, meist mit einer entsprechenden Landschaft kombiniert. Eine europäische Flaggenserie gab es von der Firma Guggenheim & Co in Zürich.

Militaria: Im ersten Weltkrieg wurden schätzungsweise 10000 Motive publiziert. Zeitschriften und Zeitungen gaben satirische Karten heraus: Simplicissimus, Die Lustigen Blätter, in England Daily Mail. Kriegsanleihekarten. Karten aus Kasernen, Kriegsgefangenenlager, Musterungskarten.

Studenten- und Couleurkarten („Auf der Mensur“).

Verkehr: Besonders der Beginn der Luftfahrt läßt sich mit Postkarten ausgezeichnet dokumentieren. Die ersten Flugschauen, z. B. 1909 in Brescia. Gesucht und teuer sind alte Zeppelindarstellungen. Breiter Raum gehört auch dem Fahrrad, gemeinsame Ausflüge kommen in Mode und die entsprechenden Karten dazu. Fahrradrennen.

Postkutsche. Automobile: Frühe Rallye-Karten, z. B. Peking-Paris. Besonders populär und teuer sind Straßenbahnkarten. Omnibusverkehr und Stadtrundfahrten fallen bereits in die Zeit des Niedergangs der Postkarte. Ein großes Thema sind Eisenbahn und Bahnhof, darunter viele offizielle Werbekarten der Eisenbahngesellschaften. Auch die Schiffahrtslinien, z. B. der Norddeutsche Lloyd, hielten für ihre Passagiere eigene Postkarten bereit. Oft tragen diese Karten den Aufdruck „On board the...“. Auf der Hamburg-Amerika-Linie gab es täglich neue Speisekarten mit abtrennbarer Postkarte. Karten von der „Titanic“.

Verzierter Briefbogen mit einer Stahlstichansicht von Miesbach. Max Ravizza München, um 1850. Die Firma Ravizza, stellte später auch richtige Ansichtskarten her.

Einfallsreiche Sammler werden viele der genannten Themen meiden, weil Karten, die viele sammeln, natürlich schnell teuer werden. Daher seien hier noch einige Möglichkeiten (ohne jede Vollständigkeit) genannt: Bier, Telefon, Straßenbeleuchtung, Brücken, Wasserfälle, Rätsel, Schreibmaschinen, Museen usw. usf. Auch beim Studium des Literaturverzeichnisses wird sich eine Reihe von Anregungen finden lassen.

GESCHICHTE VON POST- UND ANSICHTSKARTE

Die Frage nach der ersten Ansichtskarte ist schwierig und bewegt fast alle einschlägigen Werke. Dabei ist diese Frage schon früh gestellt worden, denn bereits gegen Ende des vorigen Jahrhunderts gab es bei Herstellern erbitterte Auseinandersetzungen um den Ruhm, der erste gewesen zu sein. Den normalen Sammler braucht das freilich nicht zu berühren, denn außer ihrem historischen Wert haben diese Vorläufer-Karten eigentlich wenig zu bieten, was den Zauber und Reiz der späteren Karten ausmacht. Briefpapiere mit Stahlstichansichten waren um 1840 üblich, gelegentlich wurden sie auch auf etwas steiferem Papier gedruckt, aber ihnen fehlte der postalische Segen.

1861 Wird die erste amerikanische Postkarte ohne Ansicht und Briefmarkenaufdruck erscheinen.

1865 Erläutert der Generalpostmeister Heinrich von Stephan die Idee einer offiziellen offenen Postkarte, sie wird aber nicht aufgegriffen („Postblatt". 5. Deutsche Postkonferenz in Karlsruhe).

1869 Erste staatliche Postkarte in Österreich auf Anregung von Dr. Emanuel Herrmann, Professor für National-Ökonomie. Diese „Correspondenzkarte" wird zum halben Briefporto befördert.

1870 Führt nun die deutsche Postverwaltung des Norddeutschen Bundes gleichzeitig mit Bayern, Württemberg und Baden die Correspondenzkarte ein. In weniger als 2 Monaten werden 2 Millionen Karten verkauft.

1870 August Schwartz, Hofbuchhändler in Oldenburg, schreibt in seinen Memoiren: „Am 16. Juli 1870 – also 14 Tage nach der amtlichen Einführung der „Correspondenz-Karte" – schrieb ich eine gedruckte Bilderpostkarte. Meine Schwiegereltern waren hart vor dem französischen Kriege noch in Marienbad und hatten große Not, sich durch den mächtigen Truppenaufmarsch bei der plötzlichen Mobilmachung auf ihrer Rückreise nach Oldenburg durchzuschlagen. Bis Magdeburg, wo sie einen kurzen Aufenthalt nahmen, waren sie glücklich gelangt. Dorthin schrieb ich eine „Mobile Correspondenzkarte", auf welcher ich den Kriegszustand durch ein in meiner Druckerei aufgedrucktes Artilleriebildchen illustriert hatte, mit kurzen launigen Versen...

Es mögen aus dem wilden Kriegsgetümmel
Euch glücklich heim geleiten Dampf und Himmel,
Bewahren Euch vor frevler Frankenhand
Der tapf're preuß'sche Garde-Lieutnant.
Die verzweifelten Verwandten daheim..."

Diese Karte wird allgemein als die erste Bildpostkarte angesehen.

1870 – 73 In England werden Weihnachtsgrüße auf Postkarten gedruckt.

1872 Vielleicht die früheste Ansichtskarte: J.H. Locher in Zürich. Franz Rorich, Nürnberg, stellt eine Schweizer Ansicht her.
Der Münchner Lithograph Zrenner produziert eine Reihe von Karten, und gilt damit lange Zeit als der Erfinder der Ansichtskarte.
Deutschland übernimmt die Führung in der kommerziellen Herstellung. Serie von Göttingen von H. Lange.

1873 Es erscheinen einige Dutzend deutscher Ansichtskarten, mit der Ansicht im oberen Drittel der hochformatigen Karte. Diese frühe Vormachtstellung in Design, Technik und Verbreitung der Ansichtskarte hat Deutschland bis zum Ende des Jahrhunderts nicht mehr aufgegeben.

Künzelsau. Vor 1890.

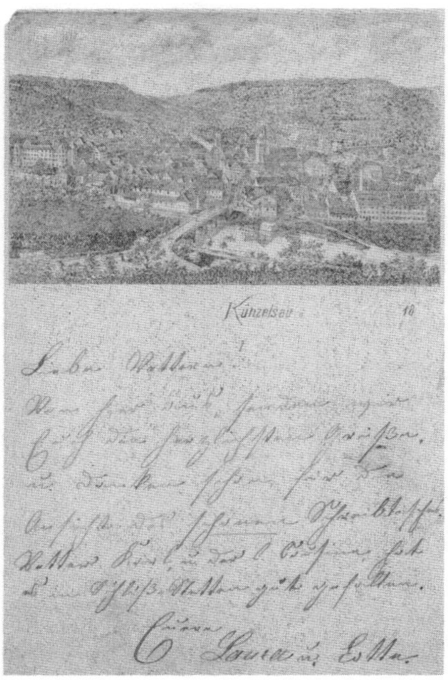

Die Postkartenmanie erreicht ihre Spitze in Deutschland um 1903, in England um 1905 und in Amerika um 1908.
Im Jahr 1899 gab es allein von Paris 3000 verschiedene Motive. 1900 hatte eine Fabrik in Frankfurt a. M. 1200 Angestellte, an jedem Tag wurden bis zu hundert neue Motive produziert. Nicht nur der Versand von Postkarten

Gruß aus Johannesburg. In Deutschland hergestellte Potpourrikarte.

floriert, auch das Sammeln wird zur Manie. Eine leidenschaftliche Dame schrieb Namen und Adresse auf den Rand eines Hundertmarkscheines und bat um eine Ansichtskarte für ihre Sammlung. Der britische „Standard" berichtet im Jahre 1899: „Der reisende Teutone scheint es als seine feierliche Pflicht zu betrachten, von jeder Station seiner Reise eine Postkarte zu schicken, als befände er sich auf einer Schnitzeljagd. Seine erste Sorge, nachdem er ein einigermaßen bemerkenswertes Reiseziel erreicht hat, ist es, ein Gasthaus zu finden, wo er abwechselnd sein Bier trinkt und Postkarten adressiert. Manchmal kann man sie beobachten, wie sie sich während stundenlanger Eisenbahnreisen hingebungsvoll dieser Aufgabe widmen. Fliegende Händler bedrängen den Touristen auf Berggipfeln und unter Ruinen im flachen Land, in Hotels, Kaffeehäusern und sogar im Zug."

Den meist recht stereotypen Text vorwegnehmend, beginnen die Verleger mit der Produktion der sogenannten „Gruss aus..."-Karten. Herrliche Chromlithos, auf denen meist verschiedene kleinere Motive in vorzüglichem Layout versammelt sind.

Der Hauptteil der „Gruss aus..."-Karten stammt aus der Zeit zwischen 1897 und 1900. Karten vor 1897 sind seltener, damit auch wertvoller. Frühere Karten können, wenn sonst Datierungshinweise fehlen, an ihrer geringeren Farbigkeit und der Dominanz von Sepiatönen erkannt werden. Der Stil der „Gruss aus..."-Karten beeinflußt auch den englischen Markt, soweit es sich nicht sogar um deutsche Druckerzeugnisse handelt, in Frankreich dagegen überwiegt die frühe Kunstkarte und Darstellungen aus dem Alltagsleben in Phototypie.

Auf die Bedeutung von großen Ausstellungen für die Propagierung der Postkarte in dieser Zeit wurde schon genauer eingegangen.

Seit 1872 dürfen private Verleger in Deutschland Karten herausgeben, in

England wird die private Ansichtskarte erst 1894 offiziell genehmigt, in Amerika 1898. Für alle Karten vor diesen offiziellen Genehmigungsterminen hat sich der Terminus Vorläufer oder „Pioneer Postcards“ eingebürgert. Bis 1901 haben diese Karten in Amerika auch den ausdrücklichen Hinweis „Private Mailing Card“. Das Format der kontinentalen Karte ist 140x89 mm, in Amerika mit 140x83 mm etwas kleiner. Ab den späten 30er Jahren wird in Deutschland das DIN-Format 150x105 mm gebräuchlich.

In der internationalen Literatur spricht man von verschiedenen Epochen der Postkarte:

1870 – 1897	Die frühe Ansichtskarte
1897 – 1918	Das Goldene Zeitalter
1919 – 1939	Flaute und Niedergang, nicht zuletzt wegen der schlechteren Druckqualitäten und dem Aufkommen anderer Kommunikationsformen (Telefon), in einigen Ländern wird das Porto verdoppelt.
1940 – 1970	Langsames Wiedererwachen des Interesses. Beginn des retrospektiven Sammelns.
1971 – heute	Entstehen der Mail Art, es gibt neue Erfindungen, aber auch die wissenschaftliche Auseinandersetzung mit der Postkarte verstärkt sich.

Die Blütezeit beginnt jeweils mit der Legalisierung der bis dato privaten Karten. Allmählich wird nun auch die geteilte Rückseite eingeführt. In England durch den deutschen Verleger Hartmann ab 1902, in Deutschland sträubt sich die Postverwaltung dagegen bis 1905.

Aus dem „Simplicissimus“

DRUCKTECHNIK

Die Lithographie (vor allem durch die von der Wien-Berliner Firma G. Sigl 1852 entwickelte Schnellpresse) und die Photographie sind die beiden für die Herstellung von Postkarten wichtigsten Erfindungen. Oftmals wurden verschiedene Drucktechniken kombiniert, um besondere Ergebnisse zu bekommen. Daher kann es im Einzelfall recht schwer sein, die Herstellungstechnik bestimmter Karten zu beschreiben oder gar zu rekonstruieren.
Es gibt Originallithographien, vom Künstler mit Kreide oder Feder spiegelbildlich auf den Stein gebrachte Entwürfe. Sie konnten nachträglich handkoloriert werden. Die Farb- oder Chromolithographie beruht auch auf dem von Aloys Senefelder 1796 gefundenen Prinzip. Meistens ist es aber jetzt ein eigens ausgebildeter Lithograph, der den künstlerischen Entwurf umsetzt. Für jede Farbe mußte ein Stein präpariert werden. Nicht selten wurde zwischen 12 und 16 mal übereinandergedruckt. Dies setzt eine sehr sorgfältige Justierung der einzelnen Platten voraus. Betrachtet man ein Farblitho unter der Lupe, sieht man, wie sich jede einzelne Farbe aus mehr oder weniger regelmäßigen Strichen zusammensetzt. Der Reichtum an Nuancen wird vom heutigen Offset-Verfahren nicht annähernd mehr erreicht. Der Gesamtein-

druck ist samtartig und kann durch entsprechendes Papier noch erhöht werden. Beispiele für die Chromolithographie sind die „Gruss aus...“-Karten oder die Karten von Raphael Kirchner. Weitere Namen, bzw. Schutzmarken für denselben Prozeß sind: Lithochromatographie, Lithochromie, Lithochromographie. Werden statt der Solnhofener Platten auf Stein montierte Zink- oder Aluminiumbleche als Druckträger verwendet, spricht man von Zinkographie oder Algraphie, Weiterentwicklungen des ursprünglichen Verfahrens. Die fertigen Karten erhielten durch Lackieren einen Chamois-Ton. Oder man versah sie in einem eigenen maschinellen Arbeitsgang mit einem hellen Firnis, der den Karten ein verkaufsförderndes, an Ölmalerei erinnerndes Aussehen verlieh (z.B. Tuck's „Oilette“). Konsequenterweise wurde auch die in der Öldruckproduktion (z.B. Schlafzimmerbilder) übliche Strukturprägung (Kalandrierung) übernommen, um Leinenstruktur und pastosen Farbauftrag zu suggerieren. In Deutschland hieß eine entsprechende Marke „Degi“, ihr Markenzeichen war eine Künstlerpalette.
Durch Umdruck vom Original- auf den Maschinenstein konnte dieselbe Karte mehrmals oder verschiedene Motive nebeneinander gedruckt werden. Viele Erfindungen im graphischen Gewerbe befaßten sich mit dem Problem, die Tonigkeit eines Photos für den Druck zugänglich zu machen. Das bloße Übertragen auf eine empfindliche Druckplatte genügt nicht, weil bei diesem Direktverfahren das Bild nur als Silhouette gedruckt werden würde. Das Photo muß erst mittels eines Rasters in viele kleine Punkte zerlegt werden. Größe, Anzahl und Form der Punkte bestimmen die Dichtigkeit und Schattenstufen des Bildes. Ein solches Verfahren ist die Autotypie. Ein anderes Verfahren ist der Lichtdruck oder die Phototypie. Einer seiner Erfinder war der Münchner Hofphotograph Joseph Albert, der 1868 sein Patent erhielt, für ein Verfahren, das Albertotypie heißt. (Es ist genau beschrieben bei W. Ranke, Joseph Albert, der Hofphotograph der bayerischen Könige. München 1977, S. 97f.) Die erste Lichtdruckkarte erschien 1879, gedruckt von A. Adolph. Der weitaus größte Teil der alten Ansichtskarten wurde bis zur Einführung des Offset-Verfahrens um 1920 so hergestellt. Durch diese Erfindung wurde die Postkarte wesentlich billiger, als die im Lithoverfahren hergestellte. Beim Lichtdruck sind die Druckformen Glasplatten, die mit einer lichtempfindlichen Gelatineschicht überzogen sind. Diese Schicht erhält beim Trocknen ein sogenanntes „Runzelkorn“. Nach der Belichtung unter einem Negativ quellen die einzelnen Teile der Schicht im Wasser verschieden stark auf. Fetthaltige Druckfarben werden von ihnen verschieden stark abgestoßen. Die Finesse dieser Lichtdruckkarten besteht in ihren abwechslungsreichen Halbtönen und der überaus getreuen Wiedergabe der Vorlage. Unter der Lupe ein sehr feines Korn, das je nach der Tiefe des Schwarztons mehr oder weniger dicht ist.

Gelegentlich wird mit Hand oder Schablone koloriert. Selten sind echte Farblichtdrucke (Heliochromien), häufiger dagegen Duplex-Drucke (Duoton oder double ton). Zwanzig und mehr verschiedene Motive wurden gleichzeitig auf Papierbahnen gedruckt, diese dann zerschnitten und auf

Schnellpresse. Aus einem deutschen Maschinenkatalog von 1883.

dünnen Karton aufgezogen. Der Eindruck der Legende erfolgte meist im Buchdruck.

Abgelöst hat diese Verfahren zu Beginn der 20er Jahre der Offset-Druck (Photolitho), ein Verfahren, das bis heute zum Postkartendruck verwendet wird. Gleichzeitig mit der Einführung dieser Technik, die sparsamer als die Chromolithographie und dauerhafter als der Lichtdruck ist, setzt auch der Niedergang der Postkarte ein. Dies ist aber wohlverstanden nur ein Faktor für diesen Qualitätsverlust. Die Valeurs der Vorlage werden übertragen durch die unterschiedliche Dichte der Rasterpunkte. Der Raster ist klar sichtbar. Anfang der 50er Jahre Einführung des Vierfarbendrucks, bei dem sich alle Farben aus dem Zusammendruck ergeben sollen. Da heute in verstärktem Maße alte Postkarten wieder als Reprints erscheinen, gibt es Gelegenheit zu kritischem Qualitätsvergleich. Der Unterschied ist meist erschütternd und rechtfertigt schon von daher die Wertschätzung alter Postkarten.

Größere Bedeutung kommt auch der Photographie zu, industriell abgezogene Photokarten, bei uns meist als „Echte Photographie" bezeichnet, in Frankreich ist es die „carte photographique au kilomètre". Meistens gebraucht für Künstlerautogramm-, Fantaisie- und Reportagekarten. Verkaufsfördernd war die Hand- oder Schablonenkolorierung, gelegentlich wurde auch zellophaniert und lackiert. Es existieren zahlreiche Marken, z. B. Biogravure oder Emaillographie.
Bei dieser Gelegenheit ein paar Bemerkungen zur Photokarte allgemein und ihrem Verhältnis zur gedruckten Karte im Besonderen. Es gibt Photokarten mit gedruckten Bildunterschriften von großen Postkartenverlegern. Möglicherweise dienten diese Ausgaben dazu, den Markt für eine künftige Massenauflage desselben Motivs in Phototypie zu testen.

Photokarten von Berufsphotographen ohne Legende oder Verlegerangabe stellen meist Gruppen dar, eine Familie, Militärs, die Ansicht eines Hauses oder eines Ladens usw. Ihre Auflage wird wohl meist sehr gering gewesen sein. Können sie auf Grund des rückseitigen Texts oder gewisser Details, wie Straßenschilder etc. genau lokalisiert werden, sind sie natürlich sehr teuer. Auch Katastrophen, wie Brände und Überschwemmungen, wurden schnell und ohne jeden zusätzlichen Aufdruck als Photokarten verbreitet. Mitunter hat dann der jeweilige Schreiber versucht, diese als seine private Aufnahme auszugeben.

Photopapier im Postkartenformat gibt es schon seit etwa 1897. So hatten auch Amateurphotographen Gelegenheit, sich eigene Postkarten herzustellen. Meist wird es von solchen Aufnahmen nur einen einzigen Abzug geben. Trägt dieser dann noch Hinweise zur weiteren Identifizierung und Lokalisierung, handelt es sich um ein besonderes Dokument von unschätzbarem Wert.

Lichtdrucke im weiteren Sinne sind auch die Photogravure- und Heliogravurekarten. Die Photogravure gibt es seit 1895, das Klischee in Strich- oder Punktraster. Da es sich um einen Hochdruck handelt, ist auf der Rückseite der Karte ein mehr oder weniger starkes Relief spürbar. Andere Namen für dieses Verfahren, mit dem man auch schon vier Farben übereinander drucken konnte, sind: Luxochromie und Chromogravure. Die Heliogravure ist ein Tiefdruckverfahren, das seit etwa 1910 bekannt ist. Ihre Vorteile sind eine große Skala der Nuancierung. Sehr intensives Schwarz und sehr feiner und regelmäßiger Raster. Mehrfarbendruck in dieser Technik entwickelt sich erst sehr spät, dafür finden sich häufig handkolorierte Karten (z. B. Luxographie).

Bis zur Jahrhundertwende waren die deutschen Lithographieanstalten führend in der Welt, was Qualität und Preis anlangte. Deutsche Firmen exportierten in die ganze Welt. Der britische Verleger Tuck ließ in Deutschland drucken. Deutschland war damals ein „Billig-Land“, wie heute beispielsweise Hongkong oder Taiwan. Druckereien, meistens nicht identisch mit den Verlagen, beschäftigten um die Jahrhundertwende 33000 Menschen, überwiegend Frauen. Die Besonderheiten des Postkartenvertriebs ließen rasch große und weltberühmte Verlage entstehen, wie z.B. Stengel & Co, die Agenturen in England und in Amerika hatten. Die wichtigsten Druckorte in Deutschland waren Berlin, Dresden, Leipzig, Frankfurt/M., Nürnberg, Stuttgart und München. Weder über die Druckereien noch über die Verlage gibt es ausreichende und verläßliche Unterlagen. Hier rächt es sich, daß dieses Gebiet der Massengebrauchsgraphik von der Wissenschaft lange Zeit vernachlässigt worden ist.

Zum Prägen – eine alte, schon seit dem 17. Jahrhundert für Papier benutzte Technik – benötigt man zwei Metallplatten, Matrize und Patrize, in die Form und Gegenform eingraviert, oder eingeschliffen sind. Der Prägevorgang folgt auf das Drucken. Bei Linienprägungen läßt sich auch eine Einfärbung durch Ausfüllen der gravierten Linien in der Matrize mit Farbe oder Metallstaub in einem Vorgang erledigen. Die alten Kniehebelpressen wurden gegen Ende des Jahrhunderts abgelöst von sog. Dampfprägebalanciers mit hoher Druckkraft und schnellerer Leistung.

Gruß aus Regensburg. Vlg. Fränkel, Regensburg. Prägekarte.

Montag aus einer Wochenserie. Prägekarte. 1906.

Abschließend sei erwähnt, daß natürlich nicht nur die jeweils neuesten Druckverfahren bei der Herstellung von Postkarten Anwendung fanden. Liebhaberausgaben und kleinere Editionen griffen lange Zeit auch auf die älteren Techniken des Holzstichs, des Stahl- und Kupferstichs, sowie der Radierung zurück.

KORRESPONDENZ

Während es in besseren Kreisen lange als unschicklich galt, persönliche Mitteilungen auf Karten zu versenden, wurde die Karte für die Mehrheit der Bevölkerung schnell zum „Brief des kleinen Mannes“.
Um die Jahrhundertwende war es beliebt, Stenographie zu verwenden, um Unbefugten das Lesen zu erschweren und um den Platz optimal zu nutzen. Leider ist die damals verwendete Gabelsberger-Kurzschrift nur noch für die Älteren lesbar. Meine besondere Vorliebe gilt Karten, bei denen Schrift und Bild eine graphische Einheit bilden. Man kann sie oft sehr billig erstehen, da sie dem traditionellen Sammler eher ein Graus sind. Schön sind die Bemühungen, den Text so zu komprimieren, daß der wenige zur Verfügung stehende Raum optimal genutzt wird. Das führt soweit, daß normal beschriebene Karten nocheinmal beschrieben werden, im 90°-Winkel zum ursprünglichen Text. Und manchmal läuft eine dritte Linienreihe noch einmal quer dazu darüber.
Man studiere die Texte: auf der einen Seite stupide Gleichförmigkeit, was Postkartenhersteller konsequenterweise dazu gebracht hat, auch gleich einen stereotypen Text mitzudrucken, der nur noch angekreuzt und unterschrieben zu werden braucht, auf der anderen Seite anzügliche Anspielungen auf die Darstellung der Karte und des Adressaten. Es lohnt sich also, Text und Karte in bestimmten Fällen als eine Ganzheit zu betrachten. Der holländische Maler Theo van Doesburg schickte seinen Freunden eine Ansichtskarte vom Weimarer Bauhaus. Nur hatte er zusätzlich dem Gebäude nach Art eines Kaufhauses in großen Lettern die Buchstaben „DE STIJL“ aufgekritzelt, den Namen der von ihm gegründeten Konkurrenzunternehmung.
Ein gewisser Heinrich Bräger aus Braunlage schickte im August 1908 eine Karte an seine geliebte Carla Köhler in Bad Harzburg. Für jedermann lesbar trägt sie die üblichen braven, freundlichen Grüße. Aber dort, wo er später die Briefmarke hinklebte, schrieb der findige Heinrich mit kleiner Schrift eine deftige Einladung: „Im Wald hinter der Quelle, da zieh' ich Dir die Kleider aus, mein herzallerliebster Augenschmaus. Komm bitte Donnerstag 5 Uhr.“

Und jetzt noch ein Gedicht:

„Bin Brief dir schuldig
Sei geduldig
Nimm diese Karte mit Bemalung
als Abschlagzahlung!“

HANDELSPREISE

Der Boom des Postkartensammelns ist relativ neu, selbst Fortgeschrittenen fällt es relativ schwer, Markt und Preise einzuschätzen. Eine Folge dieser Labilität ist es, daß viele belanglose Karten weit überschätzt, wertvolle Stücke dagegen unerkannt bleiben. Kataloge schaffen hierbei eine gewisse Abhilfe. Ich gebe aber zu bedenken, daß in den meisten Fällen, wegen der Unkenntnis der genauen Auflagen, kaum eine zutreffende Schätzung über die Häufigkeit einer Karte gemacht werden kann. Allein die Tatsache, daß ein Händler eine bestimmte Karte zum ersten Male sieht, braucht diese noch lange nicht zur Rarität zu machen, einfach, weil es Millionen verschiedene Karten gibt. Daneben gibt es für den einzelnen Sammler viele subjektive Argumente, eine bestimmte Karte zu kaufen, daß man allein daraus noch lange keinen relativ richtigen Wert folgern könnte. In Deutschland gibt es die Kataloge der Firma Willi Bernhard, die sicherlich auf großer praktischer Erfahrung beruhen. Professioneller und vertrauenswürdiger sieht dagegen aus, was den französischen und englischen Sammlern für die Produktionen ihres Landes zu Gebote steht. Auch für Italien und Belgien existieren gute Kataloge. Gut erschlossen ist auch Amerika, wo es bereits sehr avancierte Verzeichnisse zu einzelnen Verlagen gibt.

Auktionen mit Katalogen gibt es u. a. von folgenden deutschen Firmen:

Willi Bernhard
(jetzt Martin Bernhard)
Wiesenredder 2b
2000 Hamburg 73

Phil-Dor-Carta
Karin Künze
Dürener Straße 3
4600 Dortmund 1

Franz Meixner
Lindwurmstraße 126a
8000 München 2

Waltraud Boltz
Brandenburger Straße 36
8580 Bayreuth

Hartmut Raith
Eichenring 6
6306 Langgöns

Versteigert wird einzeln oder im Lot. Die erste Postkartenauktion in Deutschland fand 1973 in Hamburg statt.

Regelmäßige Großtauschtage gibt es in Hamburg, Frankfurt/M., Köln-Gürzenich, München, Nürnberg, Stuttgart (Ansichtskartenbörsen).

Deutschlands größte Sammlerzeitung, der AK-Express, ist zu beziehen über Postfach 11–606 s, 4300 Essen 11. Regelmäßig erscheinen im „Sammler-Journal“ rubrizierte Kleinanzeigen (Kauf und Verkauf), sowie Fachartikel.

Große internationale Postkartenmessen finden regelmäßig statt in
Paris: Hotel George V Fair (gewöhnlich im April)
New York: International Postcard Bourse (Mai)
London: BIPEX (September)

Anthony Byatt, selbst Postkartenhändler, hat in seinem Buch „Collecting Picture Postcards“ versucht, Schätzungen über die tatsächlich erhaltene Zahl alter Ansichtskarten anzustellen. Einige seiner Zahlen sind so interessant, daß sie hiermit wiedergegeben seien:

Für die Zeit von 1894 bis 1919 kennt man den genauen postalischen Umlauf von Postkarten in England. Dabei steigt der geschätzte Anteil von Bildpostkarten (im Verhältnis zu unbedruckten Korrespondenzkarten) von 30 % im Jahre 1895 auf 90 % im Jahre 1915. Stimmt die Annahme, daß pro versandter Postkarte eine unbenutzt blieb (was sehr vorsichtig geschätzt sein dürfte), kommt man auf 20 Milliarden Karten für England. Rechnet man um auf die gesamte Welt (1901: 2 1/2 Milliarden, 1905: 7 Milliarden), errechnen sich 140 Milliarden alte Postkarten insgesamt. (In Deutschland allein liefen z. B. 1900/01 736 Millionen und im Spitzenjahr 1903/04: 1,161 Milliarden.) Äußerst schwierig ist nun die Frage zu lösen, wieviele Karten dem Zahn der Zeit getrotzt haben und erhalten geblieben sind. Ist es nur jede hundertste, können wir mit 1,4 Milliarden Übriggebliebenen rechnen, wenn es dagegen jeder zwanzigsten Karte gelang, nicht verbrannt oder entrümpelt zu werden, kommt man auf beachtliche 7 Milliarden.

Noch etwas lehrt die Statistik: Auf eine Karte aus dem Jahr 1892 kommen zwei Karten von 1899 und sechs Karten aus dem Jahre 1905.

ZUSTAND UND PFLEGE

Postkartensammler brauchen – Gott sei Dank – nicht mit philatelistischer Strenge den Erhaltungszustand ihres Sammelobjektes zu prüfen. Auch beschädigte Postkarten sind unter Umständen nicht wertlos, postalische Gebrauchsspuren machen die Karte in der Regel sogar zu einem noch wertvolleren Dokument. Dennoch hat sich im französischen Handel eine sechsstufige Nomenklatur herausgebildet, die bei Auktionsbeschreibungen auch Verwendung findet:

Exzellent:

- neu, perfekt und frisch erhalten
- rückseitig beschrieben; wie neu. Keine Schrift auf der Bildseite, Ausnahme: Autogramm oder Autograph, besonders witzige Erläuterung des Bildes
- frankiert und gestempelt; wie neu. Wichtig für Datierung; Stempel allerdings nicht auf der Vorderseite von Künstlerkarten.

Sehr guter Zustand, man toleriert:

- kleine, alte Spuren von Albumecken
- kaum sichtbare Flecken
- Text und Unterschrift auf der Bildseite, ohne aber dessen Ablesbarkeit zu stören

Guter Zustand, man toleriert:
- durchgeschlagene Briefmarkengummierung
- Verschmutzung durch Fliegen
- sehr kleine Knicke
- stärkere und verfärbte Spuren von Albumecken
- Text und Unterschrift ragen ins Bild, berühren aber nicht die Hauptsache
- Stempel im Bild
- wenige, aber sichtbare Flecken

Durchschnittlicher Zustand, man toleriert:
- starke Verschmutzung durch Fliegendreck
- abgestoßene Ecken
  aufstehende Ecken (wenn die Leimung des Kartons sich als Folge von zu hoher Feuchtigkeit zu lösen beginnt)
- Eselsohren
- kleine Einrisse
- stark verfärbte Spuren von Albumecken
- Text über wichtigen Stellen im Bild
- verschmierter, aber noch erträglicher Stempel auf einer wichtigen Stelle im Bild
- Tintenflecke und andere gröbere Verschmutzungen, soweit sie nicht die Hauptsache des Bildes verdecken
- abgelöste, bzw. abgerissene Briefmarken, ohne Beschädigung des Bildes
- leichter Schädlingsfraß
- Postkarten aus einem Abreißblock, mit nachträglich beschnittenen Rändern

Schlechter Zustand beschreibt z. B.:
- Beschädigung des Bildes durch abgerissene Briefmarke
- gebrochene oder abgerissene Ecke
- die Leimung der einzelnen Schichten des Postkartenkartons ist völlig aufgegangen
- starke Randbeschnitte
- nachträglich aufgeklebte Marke zur Verdeckung eines Defekts

Sehr schlechter Zustand beschreibt z. B.:
- einen Defekt, der die Hauptsache des Bildes nicht mehr erkennbar macht
- weiterreichende Zerstörung, z. B. durch einen Briefmarkensammler, der die ganze Karte zerschnitten hat. Gelegentlich findet man alte Karten mit Lochung, weil sie in Ordnern abgelegt waren. Dieser Zustand muß mit schlecht oder sehr schlecht beschrieben werden.

Die meisten Postkarten sind auf Karton gedruckt, der aus drei Lagen besteht, die miteinander verleimt sind. Diese Leimung geht auf, wenn man die Karten über längere Zeit in feuchten und dumpfigen Räumen aufbewahrt. Auch in Alben dringt diese Feuchtigkeit, deshalb ist dies der wichtigste Punkt, den man bei der Aufbewahrung seiner Sammlung beachten soll. Überdies vermeidet man so auch am ehesten die Entstehung von häßlichen Stockflecken.

Selbstverständlich muß man auch, das gilt natürlich vor allem für handkolorierte Karten und Photos, auf die Lichtmengen achten. Jedes Licht (natürliches und künstliches) verbrennt – übertrieben ausgedrückt – Papier. Das geht zwar sehr langsam, da sich aber die Lichtmengen stets addieren und nicht „vergessen" werden, sei man sehr behutsam. Besonders bei zusammengehörigen Serien achte man darauf, daß die Karten, etwa durch eine Ausstellung, nicht ungleichmäßig belastet werden.

Staub macht die Farben stumpf und kann durch Verwendung moderner Alben vermieden werden. Diese Alben haben Plastiktaschen. Einer der großen Vorteile gegenüber den alten gebundenen Alben ist die beliebige Ergänzbarkeit. Vorsichtig sei man bei Photokarten, die auf manche Plastikfolien schlecht reagieren können. Als Format hat sich eingebürgert das Album in der Größe 32 × 33, weil hierbei Hoch- und Querformat kombiniert werden können.

Früher benutzte man zum Aufbewahren kleine Pressen, ähnlich wie man sie in Gasthäusern noch für Kartenspiele findet. Dann gab es eigene Sammelkästen, z. T. aus bedrucktem Blech. Doch beim Anwachsen der Sammlungen erwiesen sich Alben am praktischsten. Diese Alben hatten oft sehr phantasievolle Einbände und Titel wie „Grüße aus Nah und Fern". Auch die einzelnen Blätter waren durchwegs mit jugendstiligem Rankenwerk bedruckt. Manchmal war im Anhang ein Register für die Buchführung beigebunden. Besonders praktisch waren die hochformatigen Alben, bei denen Hoch- und Querformate kombiniert gesteckt werden konnten. Besonders schöne Exemplare trugen auch ein Motto im Innenspiegel, z. B. dieses:

Was in der Ferne Schönes
Bewundernd das Auge gesehn,
Sei der Erinnerung heilig! –
Die Zeit wird es nie verwehen.

Im Jahr 1897 gab es in Deutschland ca. 60 Fabriken, die Steckalben für Postkarten herstellten. Einige dieser alten Alben erschienen als moderner Reprint. Diese, aber vor allem auch die alten Alben sollte man nicht für die wertvollsten Karten benutzen, weil die Steckschlitze leichte Spuren an den Ecken hinterlassen.

Bei der Aufbewahrung in der sprichwörtlichen Schuhschachtel können Karten leicht abknicken. Man verwende daher Unterteilungen und stecke besondere Karten in Sichthüllen. Diese gibt es im Fachhandel im alten und im neuen Format. Beim Durchschauen eines solchen Kastens sollte man nicht zu nahe an den Ecken blättern.

Mit dem richtigen Radiergummi, den man zuvor an einer kleinen unauffälligen Stelle ausprobiert, können Verschmutzungen, wie festsitzender Staub, beseitigt werden. An Tintenflecke, Fett-, Stock-, Wasser- und Rostflecke läßt

man am besten nur einen erfahrenen Papierrestaurator heran. Eigene Versuche kann man an wertlosen Exemplaren anstellen. Man sollte nie auf den Gedanken kommen, Korrespondenz zu entfernen, nur weil sie das Bild stört.
Spuren von Albumecken können höchst vorsichtig ausgebügelt werden. Zuviel Wärme verzieht aber die Karte.
Schwierig ist das Wiederverleimen aufgegangener und in drei Lagen zerfallener Postkarten. Niemals trenne man teilweise aufgegangene Karten ganz, denn eines der Hauptprobleme ist es, die drei recht dünnen Lagen wieder bündig übereinander zu bringen. Nie flüssigen Kleber verwenden, weil er das Papier verwellt. Besser sind Klebestifte, mit denen man das Papier dünn einstreicht. Beim Fixieren darauf achten, daß keine Luftblasen zwischen den einzelnen Lagen bleiben. Die fertiggeklebte Karte legt man zwischen zwei Löschblätter auf eine absolut glatte, ebene Unterlage, und beschwert sie 48 Stunden lang mit Büchern. Noch besser ist es, wenn man dafür eine Buchbinderpresse zur Verfügung hat.
Die Verwendung von „Fixogum" (rubber cement, Gummi arabicum) läßt zwar die Möglichkeit zu einer nachträglichen Korrektur, doch kann Gummilösung auf bestimmten Papiersorten häßliche Flecken hinterlassen.
Risse und Eselsohren werden am besten mit einem Falzbein ausgeglättet und mit sehr dünnem Japan- oder Zigarettenpapier hinterklebt (Klebestift). Dann wieder wie oben beschrieben pressen.

INFORMATION FÜR SAMMLER

Wissen ist immer noch Macht, erst recht beim Postkartensammeln. Jede Investition in weiterführende Literatur zahlt sich aus. Mit Absicht ist daher das anschließende Literaturverzeichnis sehr üppig ausgefallen.
Nicht allzusehr auf der Hut zu sein braucht man im Moment noch vor Fälschungen. Gelegentlich tauchen Karten mit originaler Rückseite auf, die mit einer modernen Ansicht verleimt ist. Wer viele alte Karten in die Hand genommen hat, wird beim leichten Biegen sofort den Unterschied merken. Gewarnt sei auch vor den immer häufiger werdenden Reprints, die einem Anfänger schon mal gerne als Original untergejubelt werden.
Öffentliche Sammlungen zeigen ihre Schätze meist nur ausgewiesenen Wissenschaftlern. Man wende sich daher schriftlich an das jeweils zuständige Archiv oder Museum. Bedeutende Bestände hat das Altonaer Museum (über 500000 Stück), wo seit 1965 auch laufend Ausstellungen über die Kultur- und Kunstgeschichte der Postkarte stattfinden. Ebenso hat das Pariser Musée des Arts et Traditions Populaires einen reichen Fundus (120000), der als Bildquelle für die französische Volkskunde erschlossen ist. In Amerika gibt es das erste (und einzige?) Postkartenmuseum der Welt in Canaan/Connecticut. Ferner die Jefferson R. Burdick Collection of Postcards at the Metropolitan Museum New York und die Werner von Bottenstern's Collection in der Library of Loyola University in Los Angeles.

John Stalin: Ist die Karte gefälscht? Artist's Cards, London.

Postkartenverkäufer um 1910.

„Siehgst wie der zwinkert". Lith. um 1905.

Wie immer bei neuen Sammelgebieten, haben freilich die privaten Sammler in Deutschland die Nase vorn. Die Sammlung Bernhardt, Hamburg, zählt 1 Million. Durch Ausstellungen und Publikationen bekannt geworden sind die Sammlungen Robert Lebeck, Hamburg, Karl Sorg, Adolf Spitzenberger und Karl Stehle, alle in München. Die kunsthistorisch so wichtige Sammlung Paul Eluards (3000 Karten) befindet sich in der Nationalbibliothek in Paris. Die erste wichtige Ausstellung war die Weltausstellung der Postkarte 1899 in Nizza. 1970 fand ein ähnlich orientiertes Unternehmen in Brünn statt. Hier noch eine kleine Auswahl aus den vergangenen 10 Jahren:

1973 Die Ansichtskarte – Zeuge ihrer Zeit. Ausstellung aus Anlaß des zehnjährigen Bestehens des Europa-Fremdsprachen-Programms im Deutschlandfunk.
1977 Liebesgrüße aus München (Sammlung Karl Sorg). Münchner Stadtmuseum.
1979 Paris, Musée des Arts et Traditions Populaires.
1980 Greetings from New York. Kunstgewerbemuseum der Stadt Zürich.
1981 Bäuerliches Leben auf alten Ansichtskarten. Freilichtmuseum Großweil.

Abbildung links oben, rechts oben und rechts unten:
Aus einer München-Serie von Carl Kunst: Karolinenplatz, Isartor, Jakobsplatz.

Der erste Weltverband, der I. Internationale Philokartistenbund „Kosmopolit" wurde 1897 gegründet und zählte im Jahre 1912 11000 Mitglieder. In dieser Blütezeit des Sammelns komponierte Paul Lincke einen Kartensammler-Marsch für den Verleger J. Miesler, Berlin (1898). Beim Pariser Karnevalsumzug 1905 erscheint ein eigener, dem Postkartenfieber vorbehaltener Festwagen.
Der britische Kartenhersteller Raphael Tuck förderte den Verkauf der Postkarte dadurch, daß er um die Jahrhundertwende einen Wettbewerb ausschrieb: 100 Pfund sollte erhalten, wer die meisten Tuck-Karten gesammelt hatte. Beim ersten Mal besaß der Sieger über 20000 Karten, beim zweiten Mal fand sich ein Sammler mit 25000 Exemplaren. Tucks Programm war es, „die Liebe zur Kunst zu unterstützen und das Sammeln von künstlerischen Postkarten zu fördern".
In Sammlerzeitungen der Zeit, wie z.B. im „Blauen Blatt", wurden bewegende Fragen diskutiert. Ein amüsanter Beitrag eines Herrn Georg Dietrich aus Frankfurt/M. mit dem Titel „Hat die Jahrhundertpostkarte für Ansichtskartensammler einen Sammelwert?" sei hiermit ungekürzt wiedergegeben (frdl. Hinweis von Karl Stehle, München):
„Diese Frage, welche lediglich durch einige Artikel in verschiedenen Ansichtskarten-Zeitungen entstanden ist, muss man mit einem ganz bestimmten „Nein" beantworten. –
Wie bekannt sein dürfte, drängten sich bei der ersten Ausgabe der „Jahrhundertkarte" die Leute schon eine halbe Stunde vor Öffnung der Schalterräume an den Postämtern, um sich eine „Säkulum-Karte" zu erstreiten. Dies geschah aber lediglich nur wegen des philatelistischen Wertes der Karte, nicht aber wegen ihres Wertes als „Ansichtskarte". Denn welche „Ansicht" zeigt

diese Karte? Etwa die schlecht ausgeführte „Germania“ oder die Sonne, die aus dunstiger Wolkenflor mit der Jahreszahl 1900 hervorblitzt? Keines von beiden könnte uns doch veranlassen diese Karte als „Ansichtskarte“ unserem Album einzuverleiben. Sollte Herr v. Podbielski die Jahrhundertpostkarte nur deswegen herausgegeben haben, weil er glaubte durch den Ansichtskartensport würde die Karte mehr verlangt und hoffte dadurch ein Kapital herauszuschlagen. Ganz gewiss nicht, denn dann müsste die Karte, der jeder künstlerische Wert abgeht, weit besser ausgeführt sein, denn man hat mit Genugthuung konstatieren können, dass sich die Kartensammler den schlechten Erzeugnissen immer mehr und mehr abwenden, und nur solche Karten ihrer Sammlung einverleiben, die allen Anforderungen, welche eine geläuterte Geschmacksrichtung mit sich bringt, entsprechen. Auch wäre es ein trauriges Zeichen, wenn der Kartensport, der jetzt in vollster Blüte steht, sich ein solches Zeugnis ausstellen wollte, indem er „die Säkulumkarte“ als eine Ansichtskarte bezeichnen wollte. Sollte indessen Herr v. Podbielski mit dieser Karte einen Anfang resp. Versuch machen wollen, um etwa bei anderen Gelegenheiten das Publikum mit der Ausgabe einer offiziellen Karte zu erfreuen, so müßte er bei der Wahl der ihn beratenden Künstler etwas vorsichtiger zu Wege gehen, denn die Jubiläumskarte wäre als Ansichtskarte nur den Warenhauskarten gleichzustellen, die gewiss kein ernster Kartensammler seinem Album einverleibt. –

Nachdruck verboten!

In den Sammlerzeitschriften dieser Tage erschienen Kleinannoncen wie diese: „Beantworte jede bessere Licht- und Chromo-Karte reell und umgehend. Theodor Maass.“ Oder: „Nur bunte Ansichtskarten der ganzen Welt erwidert Paul Barwitzki.“ Nachdem Anfang der 60er Jahre das Sammeln alter Postkarten zaghaft einsetzte, wurde 1961 der erste neue Sammlerverein gegründet. Die PUE, die Philokartisten Union Europas e. V. hat ihren Sitz in Düsseldorf. Damals kauften Sammler wie Händler Karten nicht stückweise, sondern mit dem Zollstock. „Dreieinhalb Zentimeter waren jedesmal hundert Karten. Ich bezahlte fünf Mark dafür.“ So erzählte später der Händler Willi Bernhardt aus Hamburg. Ab 1978 erschien erst wieder eine Sammlerzeitschrift, der AK-Express von Sobkowiak in Essen. Im Englischen hat sich die Bezeichnung „deltiology“ (von griechisch deltion: kleines Bild) seit den 30er Jahren allgemein für die Beschäftigung mit Postkarten durchgesetzt.

„Der Sammler streicht mit dem Finger durch den Inhalt der länglichen Kartons: es ist als bereite er einen Kartentrick vor. Und daß die alten Karten verstaubt sind, scheint ihn nicht zu stören. Daß viele beschrieben wurden – in Zeiten, wo sie neu waren – und schon Spuren von Reisen tragen, ermuntert ihn sogar. Ja, es amüsiert ihn, die verblichenen Kartengrüße zu lesen. . .“

(Josef Müller-Marein)

MODERNE KARTEN

Dieses Buch heißt zwar *Alte* Postkarten, schon deswegen, weil es der Verleger so will, und zweitens weil wirklich eine ganze Menge über historische Karten geredet wurde. Den Sammler darf das aber nicht blind machen für die überaus spannenden Entwicklungen, die sich in den letzten 10–15 Jahren auf dem Gebiet der modernen Karte getan haben. Längst vorüber ist das Zeitalter der Mediokrität. Meist in Buchhandlungen und Museen haben sich höchst sehenswerte Postkartenangebote etabliert. In Köln gibt es den Laden der Gebrüder König, in New York und San Francisco muß man schon durch viele Läden bummeln, um alles zu sehen. Die Edition Staeck brachte 1972 eine München-Serie heraus, u. a. Karten vonYoko Ono, Daniel Spoerri. Richard Hamilton machte eine Karte mit dem Münchner Friedensengel für die Edition Tangente (1971). Neben engagierten und provokanten Karten gibt es eine ganze Reihe vorzüglicher Cartoon-Karten von Künstlern wie Folon, Saul Steinberg, Ronald Searle, Roland Topor und anderen. Ältere Ausgaben werden bereits schon wieder zum mehrfachen Preis notiert.

Klaus Staeck (1980). Copyright und Vertrieb Edition Staeck, 69 Heidelberg, Postfach 102063

In der Tradition der Dadaisten und Surrealisten stehen aktuelle Künstler, die die Post für ihre Aktionen benützen. 1962 gründete Ray Johnson die „New York Correspondence School of Art“, was als Geburtsstunde der „Mail Art“ gilt. Einer der Schüler war Donald Evans, der selbstgemalte Briefmarken auf alte Postkarten klebte, um sie seinen Freunden zu schenken. 1978 waren seine Werke mit denen anderer Künstler wie On Kawara auf einer Wanderausstellung der Smithsonian Institution zu sehen. Als praktikable Technik hat sich auch immer mehr die Xerographie durchgesetzt.

Doch auch die altmodische Offset-Ansichtskarte lebt noch. Eine Umfrage des Studienkreis für Tourismus ergab 1975 folgende Zahlen: Vier von fünf Reisenden verschicken Grußbotschaften vom Urlaubsort. Im statistischen Durchschnitt verschrieb jeder der 25 Millionen deutschen Urlauber neun Karten. Rund 275000 schrieben mehr als 40. 24% der Adressanten verschikken Feriengrüße, weil es üblich ist, sowie als Revanche für ihrerseits empfangene Ansichtskarten. Etwa jeder vierte Kartenschreiber wird von der Schönheit des Photos bewogen und jeder vierte schickt, um sich bleibende Erinnerungen zu verschaffen, Postkarten an die eigene Adresse. Überzogener Stellenwert des Urlaubs und eine übersteigerte Erwartungshaltung als Folge bedenkenloser seelischer und finanzieller Investition... Halt. Tut sich hier vielleicht schon wieder ein neues Feld für Sammler auf? Vielleicht das nächste Mal mehr darüber.

LITERATURVERZEICHNIS

Adam, A.: Greetings from New York. Kunstgewerbemuseum der Stadt Zürich 1980.
Alderson, F.: The comic postcard in English life. Newton Abbot 1970.
Alloway, L.: Send letters, postcards, drawings and objects. In: Art Journal, Spring 1977.
Andrews, B.: A Directory of Post Cards, Artists, Publishers and Trademarks. Irving/Texas 1975.
Appelgate, R. D.: Trolleys and Streetcards on American Picture Postcards. New York 1979.
Armand, P. N.: Historique de la Carte Postale française illustrée (= Sonderheft „Cartes Postales et Collection"). Herblay 1987.
Armand, P. N.: Historique de la Carte Postale française illustrée. In: „Cartes Postales et Collection" Nr. 126, S. 63–70. Herblay 1989.
Armand, P. N. und *A. M. Thinlot:* Dictionnaire de la Cartophilie Francophone. Herblay 1990.

Baeder, J.: Gas, food and lodging. New York 1982.
Baeumerth, A.: „Es wimmelt von Fremden aller Nationen". Ansichtspostkarten aus Homburg 1888–1918. Marburg 1984.
Barker, R.: Gentleman's Relish. London 1979.
Barker, R.: A Pennyworth of Art. The Green Album. London 1986.
Barker, R.: A Pennyworth of Art. The Red Album. London 1986.
Bartosz, B.: Baseball Postcards. Pennsauken/N.J. 1978.
Bartosz, B.: Fire department postcards. Pennsauken/N.J. 1978.
Bauer, R.: Oktoberfest-Grüße. München 1981.
Bauer, R.: Königliche Grüße. Ludwig II. in Postkarten. München 1986.
Beer, Th. und *A. Kludas:* Die Kaiserliche Marine auf alten Postkarten. Hildesheim 1983.
Berry, W.: The picture postcard craze. In: Graphic Arts Focal Point, June 1957.
Berry, W.: The evolution and development of the picture postcard. In: The British Printer, July 1958.
Bickhard/Bottinelli: Die Post als Künstlermedium. Kassel 1976.
Blondel, A. und *L. Sully Jaulmes:* L'image du temps dans le paysage urbain. Musée des Arts Dékoratifs, Paris 1972. (Alten Postkartenansichten ist der jeweilige gegenwärtige Zustand gegenübergestellt.)
Böhmer, G.: Sei glücklich und vergiß mein nicht. Stammbuchblätter und Glückwunschkarten. München 1973.
Bourcey-Beckley, W.: The Post-Card Handbook. Los Angeles 1945.
Bourgeron, J. P. und *P. J. Balboa:* Nude 1925. 100 classic French post cards. 1978.
dies.: Nude 1900. 100 classic French post cards. 1980.
Bowen, D. und *P. Hudgins:* An Album of old time Texas postcards. San Antonio 1978.

Knabe mit Papierhelm und Schaukelpferd. Photokarte um 1900.

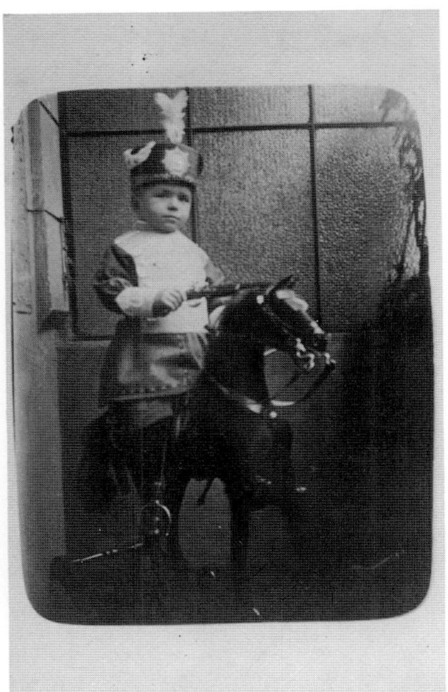

Bowers, Q. D. and *Ch. Bowers:* Robert Robinson: American Illustrator. O.O., o.J.

Bowers, Q. D. and *M. L. Martin:* The Postcards of Alphonse Mucha. O.O., o.J.

Bozarth, Th. W.: Origins of Post Cards. S. P. A. Journal, Febr. 1975.

Bozarth, Th.: Premilinary listing of titles of Post Cards published by Arthur Strauss. Washington Crossing Card Collectors Club 1981.

Britsch, F. und *P. Weiss:* Le avanguardie artistiche e la cartolina postale. Firenze 1989.

Brown, R. C.: Greetings from Norwich (Conn.). Uncasville 1979.

Brückner, W.: Elfenreigen-Hochzeitstraum. Die Öldruckfabrikation 1880–1940. Köln 1974.

Buckland, E.: The World of Donald McGill. Poole. Dorset 1985.

Buday, G.: The history of the christmas card. London 1964^2.

Burdick, J. R.: Pioneer Postcards. The story of mailing cards to 1898 with an illustrated checklist of publishers and titles. New York 1958 und 1964.

Byatt, A.: Picture Postcard and their publishers. Malvern 1978.

Byatt, A.: Collecting Picture Postcards – An Introduction. Malvern 1982.

Caley, G.: Postcards of yesteryear 1893–1926. Delaware and elsewhere. Delaware 1973.

Carline, R.: Pictures in the Post. Bedford 1959 und 1971. Philadelphia 1972 und 1982.

Cirker, H.: Thirty-Two Postcards of Old New York. New York 1976.

Cope, D. and *P.:* Illustrators of Postcards from the Nursery. London, The Hague 1978.

Cope, D. und *P.:* Ivy Millicent James 1879–1965. A children's postcard artist. Weston-super-Mare 1980.

Corson, W. C.: Publishers' Trademarks Identified. Newton Square/Pa. 1976.

Coysh, A. W.: The dictionary of picture postcards in Britain 1894–1939. Woodbridge, Suffolk 1984.

Di Maria, Y.: Guide Pratique de la Carte Postale. Paris 1981. (= Sonderheft der „Collectioneurs francais")

Donadei, M.: L'Italia della cartoline. Bd. 1 (1848–1919), Bd. 2 (1919–1945), Bd. 3 (1945–1974). Cuneo 1977–1979.

Douliez, P.: Album deutscher Volkslieder mit Postkarten von Paul Hey. Stuttgart 1980.

Dumjahn, H.-W. (Hrsg.): Bahnhöfe im Spiegel alter Postkarten. Hildesheim/New York 1976.

Duval, W. and *V. Monahan:* Collecting Postcards 1894–1914. Dorset 1978.

Ellis, N.: Tramways in Britain on Old Picture Postcards. Keyworth, Nottingham 1986.

Eluard, P.: Les Plus Belles Cartes Postales. In: Minotaure No. 3–4. Paris, Dezember 1933.

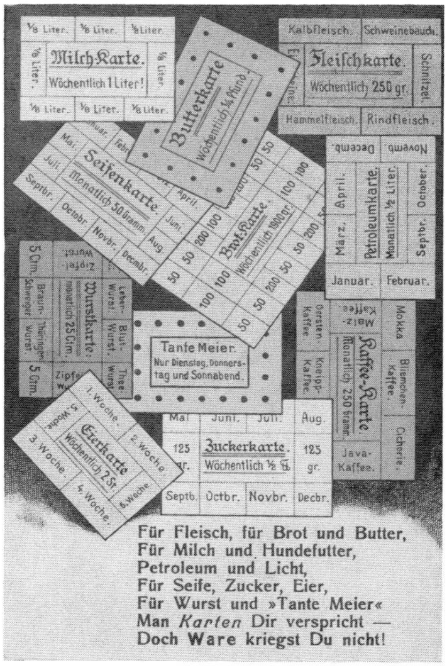

„Bedürfnis-Karte" aus dem 1. Weltkrieg.

Evans, E. J. and *J. Richards:* A Social History of Britain in Postcards 1870–1930. London/New York 1980.

Falkenberg, H.: Gruß von der Electricität. Nürnberg 1983.
ders.: Gruß von der Automobilfahrt. Nürnberg 1984.
ders.: Gruß von der Bahnfahrt. Nürnberg 1985.
ders.: Gruß von der Luftfahrt. Nürnberg 1986.
ders.: Gruß von der Seefahrt. Nürnberg 1987.
ders.: Gruß aus der Bürowelt. Nürnberg 1988.
ders.: Gruß von der Wohntechnik. Nürnberg 1989.
Falkenberg, H. und *H. Krajicek:* Bäuerliches Leben auf alten Ansichtskarten. (Kat.) Grossweil bei Murnau 1981.
(Enthält u. a. Verlags-und Künstlerregister)
Fanelli, G. und *E. Godoli:* La Cartolina Art Nouveau. Firenze 1985.
Farina, F.: Die verbotene Venus. Erotische Postkarten 1895–1925. Stuttgart 1989.
Federico, B. und *I. Mataloni:* Cartoline d'epoca de gli illustratori italiani. Roma 1979.
Felle, M.: Postkarten von Eugen Felle 1869–1934. Kempten 1980.
Ferrau, P.: L'amour à la carte. O.O., o.J.
Feser, P.: Der Kanton Solothurn in alten Ansichtskarten. Solothurn 1980.
Filey, M.: Wish you were here: Great Postcards of early Toronto. Toronto 1977.
Fletcher, F. A. and *A. D. Brooks:* British Exhibitions and their postcards. Part I: 1900–1914. Part II: 1915–1979. London 1978/1980.
Forissier, B.: 25 ans d'actualites à travers la carte postable 1899–1914. Paris 1977.
Forissier, B.: 30 années d'élégance à travers la carte postale 1900–1930. Paris 1978.
Forissier, B.: Les belles années du cinéma à travers la carte postale 1895–1935. Paris 1979. Vol. II: 1935–1960. Paris 1981.
Forster, M. J.: Sweet Land of Liberty. 1982. (Liste aller Ansichtskarten der Freiheitsstatue)
Fricke, Ch.: Centennial Handbook of the first issue postal card 1873–1973. Philadelphia 1973.

Gebhardt, M.: Ein Hauch von Maienblüte. Postkarten der deutschen Arbeiterbewegung zum 1. Mai. Berlin 1989.
Green, B.: I've lost my little Willie. A celebration of comic postcards. London 1976.

Haack, J.: Bildpostkarten mit Glückwünschen. Zu Typologie und Funktion von Geburtstagskarten zwischen Jahrhundertwende und Erstem Weltkrieg. Diss. Hamburg 1986.
Hammond, P.: French Undressing. Naughty Postcards from 1900 to 1920. New York 1925.

Internationale Kunstausstellung Venedig 1922. C. Isari. Verlag Bestetti & Tumminelli.

Hansen, E.: Die Künstlerpostkarten der Wiener Werkstätte. (Ungedruckte Dissertation) Wien 1975.

Hansen, T.: Die Postkarten der Wiener Werkstätte. München/Paris 1982.

Helms, D.: Ansichtskarten. Material für den Unterricht. Velbert (1971).

Heuchele, O. und *H. Schwarzwälder:* Deutschland Album nach alten Ansichtskarten. Frankfurt/M. 1980.

Hill, C. W.: Discovering Picture Postcards. Tring, Herts. 1970.

Hille, H.: Postkarte genügt. Leipzig/Jena/Berlin 1988.

Hille, H.: Sammelobjekt Ansichtskarte. Berlin 1989.

Hille, H. und *F.:* Technikmotive auf alten Ansichtskarten. Leipzig/Stuttgart 1986.

Hillier, B.: Greetings from Christmas Past. London 1982.

Hinzenberg, W.: Russische Postkarten. In: Mitt. d. V. f. Plakatfreunde. 1912. S. 22–27.

Hollweck, L. (Hrsg.): München in alten Ansichtskarten. Frankfurt/M. 1977.

Holt, T. and *V.:* Till the boys come home. London 1977.

Holt, T. and *V.:* Picture postcards of the Golden Age. A Collectors Guide. London 1978.

Holt, T. and *V.:* Picture Postcard Artists. London/New York 1984.

Holt, T. and *V.:* I'll Be Seeing You. World War II Throu Its Picture Postcards. Ashbourne, Derbyshire 1987.

Howell, G.: The Penguin Book of Naughty Postcards. Harmondsworth 1977.

Huber, G.: Deutsch-Südwestafrika in alten Ansichten 1884–1919. Ulm 1984.

Jan, H. v.: Hildesheim zur Kaiserzeit in alten Ansichtskarten. 1980.

Janssen, H.: Postkarten. Hamburg 1981.

Johanson, E.: Picture Postcards of Finland. 1981.

Jones, B. and *W. Ouellette:* Erotische Postkarten. Köln 1977.

Jour, J.: Scènes de la rue et petits métiers parisiens en cartes postales anciennes. Brüssel 1979.

Kaduck, J.: Transportation Postcards. Des Moines 1976.

Kaiser, B. Ansichtskarten von dazumal. In: Das Magazin, H. 2. Berlin 1973.

Kaiser, B.: Bücher ohne Titel oder Die Schwarte auf der Karte. Leipzig 1975.

Kamijyo, T.: Mail Art Collection. Tokyo 1988.

(Kat.) Bemalte Postkarten und Briefe deutscher Künstler. Giessen 1972.

(Kat.) Die Bilderfabrik. Frankfurt/M. 1973.

(Kat.) Fotografien auf Postkarten. Aus der Sammlung Robert Lebeck. Folkwang-Museum Essen 1976.

(Kat.) Klaus Staeck. Kunstverein Frankfurt/M. 1978.

(Kat.) Postkarten und Künstlerkarten. Eine kulturgeschichtliche Dokumentation. O.O. (DDR) 1978.

(Kat.) Schiffahrt auf alten Photographien. Altonaer Museum Hamburg 1978.

7. Salon International de la Carte Postale. Paris 1978.

(Kat.) Schöne alte Bildpostkarten. Niederösterreichisches Landesmuseum Wien 1985.

(Kat.) Franz Marc – Else Lasker-Schüler. „Der Blaue Reiter präsentiert Euerer Hoheit sein Blaues Pferd“. München 1987.

Kaufmann, G. und *M. Meinz:* Kunst und Postkarte. In: Archiv für Deutsche Postgeschichte 1970, H. 1.

Kaufmann, G. und *M. Meinz:* Kunst und Postkarte. (Kat.) Altonaer Museum Hamburg 1970.

Kaufmann, G.: Volkslebensbilder aus Norddeutschland. (Kat.) Altonaer Museum Hamburg 1973.

Kaufmann, G.: Paperweights und kuriose Postkarten. (Kat.) Altonaer Museum Hamburg 1974.

Kaufmann, G.: Glückwünsche auf Postkarten. (Kat.) Altonaer Museum Hamburg 1978.

Klamkin, M.: Picture Postcards. London 1974.

Klinger, D. M.: Die Frühzeit der erotischen Fotografie und Postkarten. Nürnberg 1984.

König, H.: Ja so war's – das München. München 1976.

König, H.: Opas Touren rund um München. Ausflüge um die Jahrhundertwende mit der Postkartensammlung des Karl-Valentin-Musäums. München 1978.

Kyrou, A.: L'Age d'Or de la Carte Postale. Paris 1966.

La carte postale illustrée. Actes du colloque 6.–8-mai 1977. Musée N.-Niepce, Chalon-sur-Sâone.

Lajolo, D.: Su fratelli su compagni. Cartoline delle lotte operaie 1896–1924. Archivio Franco Monteverde. Cuneo 1983.

Lauterbach, C. und *A, Jakovsky:* Postkarten-Album ... auch eine Kulturgeschichte. Köln 1960.

Lawrenz, D.: Straßenbahnen im Spiegel alter Postkarten. Hildesheim 1978.

Lawson, K. und *T. Warr:* The Postcards of Tom Browne. London 1978.

Lebeck, R.: Reklame-Postkarten. Dortmund 1978.

ders.: Playgirls von damals. Dortmund 1979².

ders.: Riesen, Zwerge, Schauobjekte. Dortmund 1979.

ders.: Bitte recht freundlich. Dortmund 1979.

ders.: Potztausend, die Liebe. Dortmund 1979.

ders.: Herzlichen Glückwunsch. Dortmund 1979.

ders.: Angeber-Postkarten. Dortmund 1979.

ders.: Der Kuß. Dortmund 1979.

ders.: Jugendstil-Postkarten I und II. Dortmund 1978 und 1980.

ders.: Propaganda-Postkarten I und II. Dortmund 1980.

ders.: Frisch, fromm, fröhlich, frei. Dortmund 1980.

ders.: Gaudeamus igitur. Dortmund 1980.

ders.: Kehrseiten. Dortmund 1980.

ders.: Leopold Reutlinger. Die Schönen von Paris. Dortmund 1981.

ders.: Alte Reklame Made in USA. Dortmund 1981.

ders.: Das Zweirad. Dortmund 1981.
ders.: Busen, Strapse, Spitzenhöschen. Dortmund 1982.
ders.: Auf- und Rückschläge. Dortmund 1982.
ders.: Chronik des 20. Jahrhunderts. Dortmund 1983.
ders.: Salon de Paris. München 1983.
ders.: Viele Grüße ... Eine Kulturgeschichte der Postkarte. Dortmund 1985.
Leclerc, H.: Ansichten über Ansichtskarten. In: Archiv für deutsche Postgeschichte. Frankfurt a. M. 1986, H. 2, S. 5–65.
Lemaire, R. und *E. Simon:* Aeronautic Postcards before 1914. 1979.
Linder, B.: Herregarde af i gar ... kort om slotte. Frederikssund 1982.
Lista, G.: L'Art postale futuriste. Paris 1979.
Lorenz, W.: Remscheid auf alten Postkarten. 1979.
Lowe, J. L.: Bibliography of Postcard Literature. Folson/Pa. 1969.
Lund, B. and *M.:* Edwardian Childhood on old Picture Postcards. Keyworth, Nottingham 1988.

Maurice Chevalier 1888–1972. „IM.PHOT". Ed. Fildier. O.O., o.J.
Mertens, E.: Der Erste Weltkrieg im Spiegel alter Postkarten. Hildesheim 1978 und 1982.
Metken, S.: Bilder für die Post. Ansichtskarten als Massenmedium, Sammlerobjekt und Volkskunst-Denkmal. In: Die Zeit, Nr. 7 vom 9. 2. 1979, S. 37.
Metken, S.: Facteur Chevals Posttasche. Die Bildpostkarte in der Kunst. In: Das Kunstwerk XXVII, 1. Jan. 1974.
Metken, S.: Poisson d'Avril. Französische Bildpostkarten zum ersten April und ihre Geschichte. In: Volkskunst 2 (1981), S. 106–113.
Metken, S.: Junge Mädchen – alte Jungfern. Französische Übergangsriten am Katharinentag. In: Volkskunst 4 (1985), S. 45–52.
Meyer, J.: Segelschiffe auf alten Postkarten. Norderstedt. 1979.
Miller, G.: A Pennsylvania Album: Picture Postcards 1900–1930. University Park/Pa. 1979.
Miller, G. and *D.:* Picture Postcards in the United States 1893–1918. New York 1976. (Eine revidierte Ausgabe erschien 1982, s. u. D. Ryan).
Monahan, V.: An American Postcard Collector's Guide. Dorset 1981.
Monahan, V.: Collecting Postcards 1914–1930. London 1980.
Morgan, H.: Big Time: American Tall-Tale Postcards. New York 1981.
Morgan, H. and *A. Brown:* Prairie Fires and Paper Moon. The American Photographic Postcard 1900–1920. Boston 1981.
Mrazek, W.: Künstlerpostkarten aus der Wiener Werkstätte. Salzburg 1977.
Müller, J.: Salzburg in alten Ansichtskarten. Salzburg 1983.
Murken, A. H.: Hier liegt mein Mann und läßt schön grüßen. Das Krankenhaus auf alten Postkarten. Münster 1978.
Myers, L.: The 1982 Postcard Collectors' Handbook. Boonville/N.Y. 1982.

Negri, A.: Le cartoline della Nonna. Firenze 1973.
Nørgaard, E.: With Love. The Erotic Postcard. Mac Gibbon & Kee 1969.

P.O. Engelhardt: Abschied der alten bayerischen Marke. Marke C.A.

North, G.: Glückwunschkarten und Schmuckbriefe aus drei Jahrhunderten. (Kat.) Bundespostmuseum Frankfurt/M. 1970.

Orlik, E.: Malergrüße an Max Lehrs. Hrsg. vom Adalbert-Stifter-Verein. München 1981.

Ouellette, W.: Fantasy Postcards. New York 1975.

Parkim, M.: Louis Wain's Cats. London 1983.

Philippen, J.: Histoire et charme de la carte postale illustrée. O.O., o.J.

Pieske, Ch.: Das ABC des Luxuspapiers. Herstellung, Verarbeitung und Gebrauch 1860 bis 1930. Berlin 1983.

Puhle, M.: Braunschweig – Tunis und zurück. Die Reisen eines Braunschweigers auf Postkarten um 1900. Braunschweig 1988.

Purcell, E. L.: Colorful Greeting. In: The Palimpset. May/June 1974, S. 78–83.

Radley, C.: History of Silk Postcards. Barking 1975.

Range, Th. E.: The Book of Postcard Collecting. New York 1980.

Riedel, K. V.: Worpsweder Postkarten. Die Sammlung Koenemann im Altonaer Museum. In: Jahrbuch des Altonaer Museums in Hamburg 1976/77. Bd. 14/15, S. 99–122.

Ripley, J. W.: The art of postcard fakery. In: Kansas Historical Quarterly. Vol. 28. No. 32 (1972), S. 129–131.

Rosencrans, M. M.: Chrome Post Card Collecting. Book One. Wenonah/N.J. 1980.

Ross, H.: Peerless Princess of the Plains: Postcard Views of early Wichita/ Kansas. Wichita 1972.

Rubin, C. E. and *M. Williams:* Larger than life: the American tall-tale postcard 1905–1915. New York 1990.

Ryan, D. B.: Picture Postcards in the United States 1893–1918. New York 1982. (Neuausgabe von G. and D. Miller)

Sarah Bernhard 1844–1923. „IM.PHOT". Ed. Fildier. O.O., o.J.

Schack, G. (Hrsg.): Postkarten an Gustav Schiefler. Hamburg 1976.

Schadelbauer, K.: Innsbrucker Ansichtskarten um 1900. Innsbruck 1960.

Schleef, W. und *E. B. Fainstein:* Wie sammelt man künstlerische Postkarten. Moskau 1963.

Schmidt, C.-T.: Geschichte des Welt-, Kauf- und Tauschverband für Ansichtspostkartensammler „Kosmopolit". Düsseldorf 1984.

Schmidt, C.-T.: Inkunabeln der Ansichtspostkarte. Die frühen Postkarten (ab 1883) des Franz Scheiner aus Würzburg. Düsseldorf 1984..

Schnitzler, S. (Hrsg.): Gedenke mein. Postkarten von Anno dunnemals. Berlin 1978^2.

Schwarzwälder, H.: Postkarten Album. Bremen 1981.

Sciaky, D.: Taureaux et toros racontés par la carte postale. O.O., o.J.

Scott, W. J.: All about postcards. Leeds 1903.

WARNUNG!
Wer diese Karte beschmiert erhält 3 Tage Briefkasten
Pros't!
Bielski.
Münchener Bier-Post.
Prosit-Karte
EINEN HALBEN SINE SINE! ××× SPECIELLE
REVIDIRT.
Heftige Grüße aus München
Per Eilboten zu trinken Bier bezahlt!
Nº20.
Verlag von Oscar Hoegler, München. Gesetzlich geschützt.

Abbildung oben:
Überraschungskarte. Emil Bürckner, Leipzig. 1914.
Die in dem Strichgewirr verborgene Schrift „Gott segne Deutschland und seine Verbündeten“ wird erkennbar, wenn man die Karte schräg vors Auge hält.

Abbildung unten:
Scherzkarte. Oscar Hoegler, München. 1907.

Sichelschmidt, G.: Herrliche Zeiten. Das Wilhelminische Berlin in 50 Ansichtskarten. Berlin 1970.

Silvain, G.: Images et traditions juives. Un millier de cartes postales (1897–1917) pour servir à l'histoire de la Diaspora. O.O. 1980.

Silvester, R.: Railway Postcards of the British Isles. London 1978.

Simon, E. und *R. Lemaire:* Catalogue des cartes postales sur l'aéronautique d'avant 1914. 2 Bände.

Sinais, B. und *A. Weingarten:* Catalogue des cartes postales de franchise militaire. O.O., o.J.

Soechting, D.: Schloß Burg als Postkarte. 1980.

ders.: Xanten als Postkarte. 1978.

Sonntag, W.: Gruß von der Bahn. Die Eisenbahn auf alten Postkarten. Stuttgart 1978.

Sonntag, W.: Oldtimer-Grüße. Das Automobil auf alten Karten. Stuttgart 1981.

Spitzenberger, A. und *M. Kluge:* An der Quelle saß der Knabe. Postkarten aus alter Zeit. München 1977.

Stadtmillet, B.: Postcard Collecting. A Fun Investment. Palm Bay 1973.

Staff, F.: The Picture Postcards and its Origins. London 1979².

Staff, F.: Picture Postcards and Travel. Guildford 1979.

Steinhart, A.: The Postal History of the Postcard in Canada 1871–1911. Toronto 1980.

Stöckle, W.: Deutsche Ansichten. 100 Jahre Zeitgeschichte auf Postkarten. München 1982.

Stüwe, E.: Graphik von Heinrich Vogeler. (Kat.) Altonaer Museum Hamburg 1978.

Sturani, E.: The new Postcard. Rom 1981.

Thiede, H.: 100 Jahre Bildpostkarten in Europa. O.O., o.J. (Kat. um 1970).

Trost, E.: Wiener Veduten. Ansichtskarten der Wiener Werkstätte. Wien-München-Zürich 1978.

Tucker, K.: Greetings from New York. New York 1981.

Ulvestad, J.: Vennlig hilsen ... Postkortets historie i Norge. Oslo 1988.

Vogt, A. und *J.:* 100 Jahre deutsche Direktwerbung. Frankfurt/M. 1978.

Wallace, Ch.: The Catalogue of Poly Chrome Postcards. Made in Germany. 1905–1907. Morongo Valley, Ca. 1980.

Weill, A.: Art nouveau postcards. The posterists postcards. London 1977.

Weill, A.: Die Jugendstil-Postkarte. Gütersloh 1978.

Weiss, P. und *K. Stehle:* Reklamepostkarten. Basel/Boston/Berlin 1988.

Welnetz, B.: Ships of the Great Lakes on postcardsd. Manitowee/Wisc. 2vol. O.O., o.J.

Welsch, R.: Tall-Tale Postcards. South Brunswick and New York 1976.

Wielandt, U.: Schülerpostkarten: Vergessene Traditionen. In: Sammlerjournal 2/82, S. 136.

Wietek, G.: Aus der Sammlung gemalter Karten und Briefe deutscher Künstler im Altonaer Museum in Hamburg. Hamburg (1965).

Wietek, G.: Gemalte Künstlerpost. Karten und Briefe deutscher Künstler aus dem 20. Jahrhundert. München 1978.

Woeckl, G.: Kunstpostkarten aus München und Wien. Ein Beitrag zur Geschichte der Gebrauchsgraphik der Jahrhundertwende. In: Sammlerjournal 1977, Nr. 4 und 5.

Wolf, H.: Farbige Postkartengrüße aus dem Bayerischen und Oberpfälzer Wald, verschickt um die Jahrhundertwende. Grafenau 1985.

Wolstenholme, G.: Over 900 things to know about postcard collecting. Mirfield. o.J.

Wykes, A.: Saucy Seaside Postcards. London 1977.

Zack, D.: An Authentic and Historical Discourse on the Phenomenon of Mail Art. In: Arts in America, Jan./Feb. 1973.

Zettler, A.: Postkarten-Album über die Elektrizität. München (ca. 1960).

Zeyons, S.: Les cartes postales. O.O., o.J.
Zilles, K.: Zuviel Freizeit? Sammeln Sie doch Ansichtskarten. St. Michael 1981.
Züblin, R.: Die erotische Postkarte. Schaffhausen 1988.

ZEITSCHRIFTEN UND POSTKARTENKATALOGE

Ahland, B.: Lindner Ansichtskarten Katalog 1986/87. Deutschland. Schönberg 1986.
Ak-Express. Größte deutsche Fachzeitschrift für Ansichtskarten-, Heimat-, Motiv- und Forschungssammler. Essen seit 1974.
American Postcard Journal. (Hrsg. von Donald and Sue Bodow). Syracuse/ N.Y.
Ansichtskarten-Sammler-Brief. Mitteilungsblatt der Philokartisten-Union Europas, Internationale Ansichtskarten-Sammlergemeinschaft. Berlin seit 1962.
Argus Fildier: Catalogue des cartes postales anciennes des collection. Erscheint in Paris seit 1975.
The Aviation Postcard Collector. Heston.
Barr's Postcard News. Lansing/Iowa.
Bartmann, R.: Bildpostkarten-Katalog Rußland 1895–1917. Erlangen 1985.
Baudet, F.: Volume I de L'Encyclopédie de la carte postale. Paris 1978. 1981².
Beachboard, J. H. (Hrsg.): United States Postal Card Catalogue. 1980. (Offizielle Postkarten)
Bernhard, M.: Ansichtskartenkatalog Deutschland 1870–1986. Hamburg 1987.
Bernhard, W.: Bildpostkartenkatalog Deutschland 1870–1945. Hamburg 1972 und 1980.
Bernhard, W. und *I.:* Bildpostkarten Spezialkatalog: Nationalsozialismus 1933–1945. Hamburg 1975.
Bernhard, W.: Bildpostkarten: Weihnachten 1897–1972. Hamburg 1974.
Bernhard, W.: Bildpostkarten: Travemünde 1892–1945. Hamburg 1977.
Bernhard, W.: Bildpostkarten: Automobile 1895–1975. Hamburg 1977.
Bobba, C.: Preisführer Italien. Turin 1979.
Bouman, J. und andere: Katalogus Prentbriefkaarten Nederland. Groningen 1979/1980 und 1981/1982.
Cartes Postales et Collection. Herblay seit 1967.
Carver, S. S.: The American Postcard Guide to Tuck. Brookline 1982.
Catalogue des cartes maximum de France des origines à 1977.
Davis, P.: Collect Modern Postcards. A priced catalogue of picture postcards published from the 1950's to the present day. Keyworth 1987.
Desbois, H.: Annuaire des correspondants cartophiles. 1980–81.
Fildier: s. Argus Fildier
Gibbons, St.: Postcard Collectors Catalogue. London 1983.

Gruss aus ... Deutsche Zeitung für Ansichtskarten- und Heimatsammler, Nr. 1–37. München 1983–1990, ab 1991 nur noch als Sonderteil im Trödler- & Antiquitäten-Magazin.

Guide Cartophilia 1980 (Adressen, Clubs, Drucker, Herausgeber). Interhobby. Internationales Sammleradressbuch. Essen 1980/81.

Kaduck, J. M.: Mail Memories. A Pictorial Guide to Postcard Collecting. Des Moines 1975[3].

Kaduck, J. M.: Rare and Expensive Postcards. A Priceguide. Des Moines 1975.

Käppeli, K.: Schweizer Ansichtskarten 1894–1925. Bucheneg Stallikon 1985.

Kornan, P.: Australian Postcard Catalogue. West Melbourne 1983.

Lowe, J.: Price Guide for Pioneer Postcards. Newton Square/Pa. 1979.

Lund, B. and *M.:* Picture Postcard Annual 1986. Keyworth 1985.

Les Maitres de la carte postale illustrée. (Dir. Georges Bans). 1889–1914.

Mordente, M.: Catalogo delle Cartoline illustrate italiane. Rom 1980. (ital./franz.)

Neudin: L'argus international des cartes postales. Erscheint in Paris seit 1975.

Picton's priced postcard catalogue and handbook. Erscheint in London seit 1971.

Der Postkarten-Sammler. Organ des „Centralverbandes für Ansichtskarten-Sammler". 5 Jahrgänge erschienen in Leipzig zwischen 1896 und 1900.

Rostenne, M. und *J. P.:* Cartes postales anciennes catalogue international. Brüssel 1978[2].

Smith, J. H. D.: IPM Catalogue of Picture Postcards. London seit 1975.

Vukovic, N.: Collecting Australian Postcards. A Guide to Values. Collingwood 1983.

Blechkästchen in Buchform zum Sammeln von Postkarten.

Für folgende deutsche Städte und Landschaften gibt es kleine Postkartenanthologien aus dem Flechsig Verlag in Frankfurt:

Aachen
Aalen
Aschaffenburg
Augsburg

Baden-Baden
Bamberg
Bayreuth
Bielefeld
Bremen
Bremerhaven

Coburg

Darmstadt
Dortmund
Düsseldorf I, II

Eichstätt
Erlangen
Esslingen

Feldberg/Ts.
Franken
Frankfurt
Frankfurt-Bornheim
Frankfurt-Sachsenhausen
Freiburg
Freudenstadt
Fulda

Gelsenkirchen
Gießen
Godesberg
Göppingen
Göttingen
Goslar

Hamburg
Hanau
Hannover I, II
Heidelberg
Heidenheim
Heilbronn
Bad Hersfeld
Holstein

Ingolstadt

Kaiserslautern
Karlsruhe
Kassel I, II
Kiel
Köln

Ludwigsburg
Ludwigshafen

Mainz
Mannheim
Marburg
Minden
Mülheim II
München

Bad Nauheim
Neuss
Nienburg
Nürnberg

Offenbach
Ovelgönne

Paderborn
Pforzheim

Reutlingen
Ruhrgebiet

Saarbrücken
Schleswig (Land)
Schwäbisch Gmünd
Schwäbische Alb
Sindelfingen
Stuttgart I, II

Trier

Ulm

Waiblingen
Wiesbaden
Worms
Würzburg
Wuppertal

Mittel- und Ostdeutschland

Baltikum
Berlin
Breslau
Bromberg
Chemnitz
Danzig
Dresden
Erzgebirge
Gera
Jena
Königsberg
Leipzig
Mecklenburg
Ostpreußen
Pommern
Riesengebirge
Rostock
Sachsen
Schlesien
Stettin
Thüringen
Westpreußen

Weitere Titel

Deutschböhmen
Prag
Luzern
Zürich

VERZEICHNIS DER KÜNSTLER

Frühe französische Micky-Mouse-Karte aus den dreißiger Jahren.

Katalog-Bildteil

Zum Katalog und den Preisangaben

Bei der Auswahl der Abbildungen war der Autor bemüht, seine subjektiven Vorlieben zu verbinden mit einer möglichst vielfältigen Zusammenschau der Themen, Techniken und internationalen Verbreitung der Postkarte.
Die angegebenen Preise sind reine Schätzungen auf der Basis persönlicher Erfahrungen, sie wurden aber durchwegs kontrolliert mit Auktionsergebnissen vergleichbarer Karten. Unterer und oberer Preis verhalten sich in etwa wie der Markt- zum Liebhaberwert. Nicht vermerkt ist im Einzelfall der Zustand der abgebildeten Karte, die Preisangaben gelten selbstverständlich nur für sehr guten und exzellenten Zustand.
Weit wichtiger für die jeweilige Preisgestaltung sollte aber die Situation sein, in der sich der Verkauf abspielt. Die „Vorarbeit", die ein Händler in bezug auf Selektion, Ordnung, Bestimmung, Pflege und Präsentation seiner Ware leistet, muß sich natürlich im Preis niederschlagen. Dem Sammler nur ganz bestimmter Karten kommt dies zugute in Form eines nicht unbeträchtlichen Zeitgewinns. Leider wird diesem Umstand, z.B. auf Flohmärkten, die ja zweifellos ein wichtiger Umschlagplatz für Postkarten sind, nicht genügend Rechnung getragen. Dort übernimmt der Sammler bisweilen die Sichtungsarbeit und soll dann, wenn er eine offensichtlich interessante Karte entdeckt hat, für sein Finderglück auch noch bezahlen. Daher der dringende Rat, bei allen diesen Gelegenheiten niemals mehr als 50% des anzunehmenden Marktwertes anzulegen oder von vornherein einen Einheitspreis zu vereinbaren.
Berechtigt ist der etwaige Einwand sammelnder Leser dieses Buches, andere und schönere Karten zu besitzen, als die hier abgebildeten. Freilich beweist das ja nur, wie unendlich reich die Jagdgründe (noch) sind, in denen der Sammler alter Postkarten seiner Liebhaberei nachgehen kann.

Postkartenverkäufer im Pariser Jardin des Plantes

1

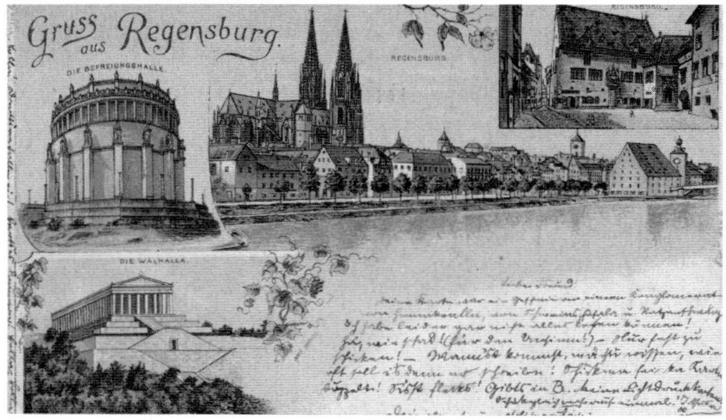

4

2

5

3

6

1 Augsburg (St. Ulrichskirche), Kunstanstalt Lautz & Isenbeck, Darmstadt, Verlag Freiländer, Augsburg, 1900 **25,–**

2 Burghausen
Marke OZM mit Münchner Kindl (= Ottmar Zieher)
Verlag von Leo Russy, Burghausen **30,–**

3 Grünwald, Verlag Caspar Bader, München **30,–**

4 Regensburg
Kunstanstalt Lautz & Isenbeck, Darmstadt, 1897
(„... Schick ma fei ka Karte doppelt! Gibt's in B. keine Lichtdruckkarten?...") **20,–**

5 Starnberger See (u. a. Ludwig II-Kapelle in Berg)
Ottmar Zieher München **20,–**

6 Übersee a/Chiemsee **25,–**

7

10

8

11

9

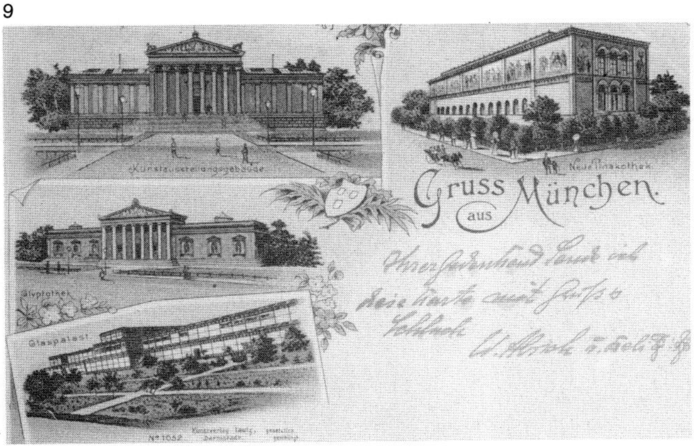

12

7 Marienplatz/Neues Rathaus/Fischbrunnen
Joseph Moch, München 30,–

8 Bavaria/Nymphenburg
Joseph Moch, München, 1898 30,–
(Beide Karten sind „Quodlibets", eine alte Bildidee, bei der die Darstellung aus lauter kleinen Bildern besteht.)

9 Kunstausstellungsgebäude/Neue Pinakothek/Glyptothek/ Glaspalast, Kunstverlag Lautz, Darmstadt, 1897 25,–

10 Frauenkirche/Domfreiheit
Carl Otto Hayd Verlag, München, 1897 25,–

11 St. Anna- und St. Bennokirche.
Theo Stroefer 1898 30,–

12 Viktualienmarkt, Ottmar Zieher, München, 1898 30,–

13

14

15

13 Bavaria
Kunstverlag Ludwig Frank & Co, München, 1901 **25,–**

14 Königsplatz
Verlagshaus Salis München, 1900
(Sogenannte „Passepartoutkarten“
mit üppiger Prägung) **30,–**

15 Prinzregenten-Brücke
E. Männer, München, 1904 **15,–**

16 Theatinerkirche
Theo Stroefer's Städteansichten **10,–**

17 Gollierplatz
Aquarell-Künstler Postkarte von Franz Joseph Huber, München **35,–**

18 Vor der Feldherrnhalle
sign. Paul Hey, Ottmar Zieher, Kunstanstalt München, 1901 **35,–**
(München war um 1900 das Zentrum des Druckereigewerbes und die Hauptstadt der Künstler. Dies war die Voraussetzung der „Künstler-Postkarte", die hier ihren Ausgang nahm und schnell ihren Siegeszug über ganz Deutschland und Europa antrat.)

16

17

18

19

20

21

Während die „Gruß-aus...“-Karten die Tendenz haben, möglichst viel von einem Ort zu zeigen, bevorzugen Sammler heute Karten, die sich auf Details konzentrieren.

19 Berlin. Unter den Linden u. Friedrichstraße
Lith. u. Druck Georg Brunner, Nürnberg, 1901 **20,–**

20 Berlin. Waarenhaus Hermann Tietz
Lith. u. Druck Georg Brunner, Nürnberg, 1900 **30,–**
(Beide Karten wurden gedruckt für das Kaufhaus Tietz, das auch den Vertrieb besorgte.)

21 Criminal-Gerichtsgebäude, Moabit
Kunstanstalt J. Miesler, Berlin, sign. H. Rausch, 1900 **20,–**
(„Anbei sende Dir ein bekanntes Gebäude...“)

22 München-Justizpalast
Lith. u. Druck Georg Brunner, Nürnberg, 1900 **15,–**

23 Musée Royal de l'Armée, Brüssel
Ern. Thill, Bruxelles (nach 1918) **5,–**

24 Museo de Historia Natural
Fotokarte, Mexico City (ca. 1920) **5,–**

22

23

24

25

26

27

25 München, Glaspalast
Wilhelm Hoffmann AG Dresden **12,–**
(Hoffmann stellte Lichtdruckkarten von hoher Qualität her. Die Rückseite erstmalig geteilt in Adreß- und Textfeld.)

26 München, Glaspalast, 1907 **80,–**
Der Illustrator Lothar Meggendorfer hat diese Karte verschickt, nachdem er Vögel und Passanten dazugemalt hatte.

27 Ingolstadt. Ludwigstraße
Dr. Trenkler Co., Leipzig, 1898 **15,–**

28 Frankfurt a. M. Sachsenhäuser Zeil
Knackstedt & Näther, Lichtdruck Hamburg 20,–

29 Regensburg. Altes Rathaus
Th. Schwesinger, Regensburg 5,–

30 Essen. Margarethen-Höhe
Trinks & Co., Leipzig, Echte Photographie, 1927 10,–

28

29

30

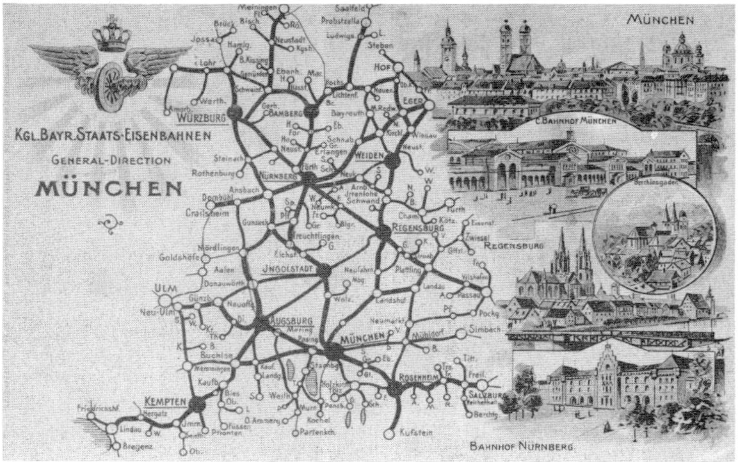

31

32

33

Bahnhöfe und Gaststätten gehören zu den Plätzen, an denen Postkarten am häufigsten verkauft wurden und wo ein Reisender auch am ehesten Zeit zum Schreiben hatte.

31 Kgl. Bayr. Staats-Eisenbahnen
Mit Gleisnetz und den Bahnhöfen München und Nürnberg
Verlag Hugo Moser, Stuttgart
Hofkunstanstalt Eckstein & Stähle, Stuttgart, 1909 **40,–**

32 München. Ostbahnhof
Wilhelm Hoffmann, Dresden **20,–**

33 München. Zentralbahnhof
Wilhelm Hoffmann. Dresden **20,–**

34 München. Centralbahnhof
Othmar Zieher, München
sign. P. K. (=Paul Kley), 1900 **30,–**

35 Schifferstadt
Lith. Carl Rücker, Speyer, 1903 **40,–**

36 Augsburg
Schlesische Lichtdruckanstalt, Breslau, 1911 **10,–**

34

35

36

37

38

39

37 Kreuzburg O.-S.
A. Nissen, Kreuzburg O.-S. Verlag Bahnhofswirtschaft, 1915 **15,–**

38 Berlin. Hochbahnstation
Kunstverlag Goldiner, Berlin, 1901 **10,–**

39 München.
Strebl's Automat und Hotel, 1899 **35,–**

40 Hamburg. Berliner Hof.
Kunstverlag Arthur Lohe, Hamburg, 1903 **35,–**

41 Heidelberg. Zum Perkeo.
Künstlerpostkarte nach dem Aquarell von H. Hoffmann, 1901 **35,–**

42 Frankfurt. Brauerei Jung.
Kunstanstalt Block & Schmidt, Frankfurt/M., 1902 **40,–**

40

41

42

43

44

45

Das berühmteste Gasthaus der Welt, das Münchner Hofbräuhaus, ist nicht nur führend im Bierausstoß, sondern auch in der Herausgabe von Postkarten und zwar seit deren frühesten Anfängen.

43 Panoramakarte
Heliocolor von Ottmar Zieher, München
Unter den Panoramakarten der Jahrhundertwende, die meist nach Art eines Leporellos gefaltet und verschickt werden konnten, dürfte dies die längste sein. **60,–**

44 Lith. Anstalt v. Ludwig Zrenner, München, 1898
Ludwig Zrenner begann 1883 mit dem Druck von Bildkarten, als deren Erfinder er auch zeitweilig galt. **25,–**

45 Verlag Johann Panzer, München, sign. F. Quidenus **8,–**

46 H. Wutz, Kunstverlag München (HWM) 2,–

47 Franz Joseph Huber, München
Aquarell Künstler Postkarte 15,–

46

47

48

49

50

48 Lith. Anstalt von Ludwig Zrenner, München, 1898 **30,–**

49 Heliogravurekarte. F. Beck, München, 1907 **8,–**

50 Wilhelm Hoffmann, Dresden **5,–**

51

52

53

54

51 Franz Joseph Huber, München, sign. Britsch **10,–**

52 Wilhelm Hoffmann, Dresden 2,–

53 Lith. Eckstein & Stähle, Stuttgart 2,–

54 Ottmar Zieher, München, 1909 **20,–**

55

56

Die Postkarten variieren endlos das Berge- und Bayernklischeé, gleichermaßen beliebt bei Einheimischen und Auswärtigen.

55 (Volksmusik). Wetterhahn-Marke **8,–**

56 „Geh, Schatzerl komm her...“
Österreich, 1905 **8,–**

57

58

57 „Grüss Gott".
Prägekarte, 1904 **10,–**

58 Gruß von der Alm.
Kunstverlag Leo Stainer; Innsbruck **10,–**

59

60

59 Blick in die Vorderriß.
B. Lehrburger, Nürnberg 10,–

60 Hochtour auf die Mädelegabel.
B. L. N. (= B. Lehrburger) 10,–

61 Drei Beispiele einer Serie mit Vierzeilern. 5,–

62/63 Modelle vor gemalten Hintergründen, 1905 5,–

64 Bergschuh o.O.o.J. 15,–

61

64

62

65

63

66

65 Lieder-Postkarte
„Daheim in den Bergen"
Musikverlag Anton Mayer, Nürnberg, 1912 **10,–**
Versuch, Originalgebirgslieder in Postkartenform zu vertreiben. Auf der Rückseite weitere Strophen. Die Karte ist gerichtet an einen Empfänger in U.S.A. und vom Schreiber mit einem Zusatz versehen: Ist auch schön in fremden Lande
Doch zur Heimat wird es nie!
(Im idealen Fall bilden Karte und Geschriebenes eine Einheit, ein oft unschätzbares Dokument.)

66 Mittagsrast am Drachenloch
B. L. N. (= B. Lehrburger)
Erstaunlich an diesen Lehrburger-Karten die unverhohlene Obszönität, die man auf deutschen Postkarten relativ selten findet. **10,–**

67

68

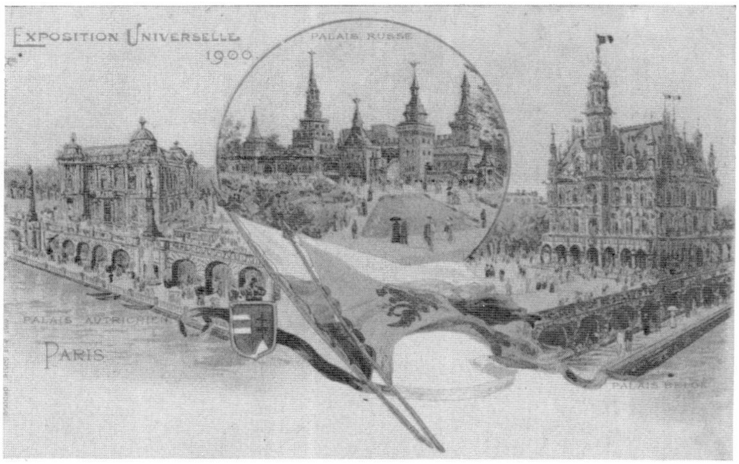

69

Ausstellungen sind aufs engste verbunden mit der Entwicklung der Ansichtspostkarte. So wurden die II. Schwermaschinenausstellung und die Allgemeine deutsche Sportausstellung in München z. T. durch den Verkauf von Postkartenserien finanziert.

67 Paris 1900. Petit Palais und Grand Palais
Raphael Tuck Fils **15,–**

68 Weltausstellung Paris 1900. Pavillons der Länder Rußland, Belgien und Österreich
Raphael Tuck & Fils **15,–**

69 St. Louis 1904. Palace of Transportation, Samuel Cupples Envelope Co., St. Louis **25,–**

70 Ausstellung München 1908. Künstlertheater, sign. K. B., Meisenbach & Riffarth, München **20,–**

71 Kraft- und Arbeitsmaschinenausstellung München 1898, Ottmar Zieher, München, sign. Arth. Thiele **40,–**

72 Officielle Ausstellungskarte München 1898, Kunstanstalt Louis Glaser, Leipzig **20,–**

70

71

72

73

74

Lohnend ist es, amerikanische Postkarten zu sammeln. Durch die Bücher von George und Dorothy Miller bzw. Dorothy Ryan (siehe Bibliographie) sind Firmennamen, Künstler und Preise bekannt geworden. Zwischen 1905 und 1907 erschien eine ganze Reihe Poly-Chrome-Postkarten, made in Germany. Hergestellt wurden sie von Nenke und Ostermaier in Dresden und von verschiedenen Verlagen in Amerika vertrieben. Auch Durchscheinkarten (Hold-to-lights) kamen aus Deutschland.

73 Freiheitsstatue, New York
(Millionen von Einwanderern erschien die 1885 aufgestellte Freiheitsstatue als Symbol einer besseren Zukunft. Entsprechend ist auch oft der Tenor der Texte von nach Europa geschriebenen Karten.) **5,–**

74 Chinatown, San Francisco
Pacific Novelty Co. San Francisco, 1924 **15,–**

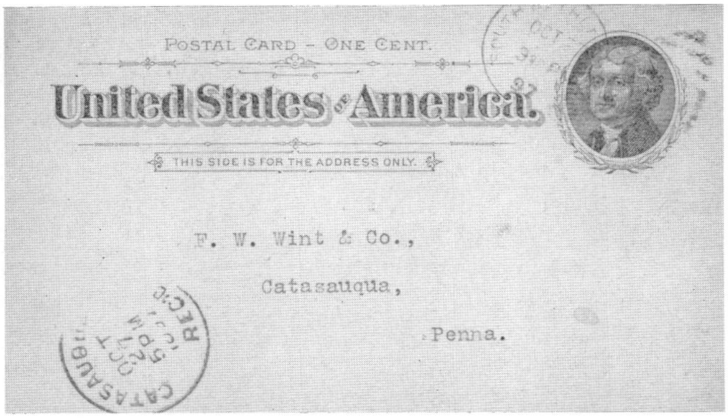

75

76

77

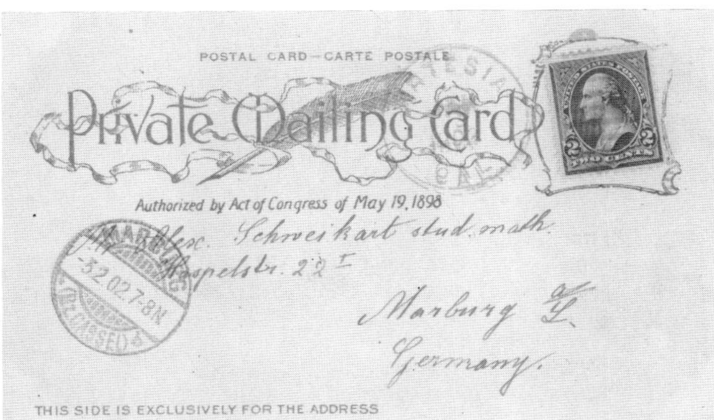

78

79

80

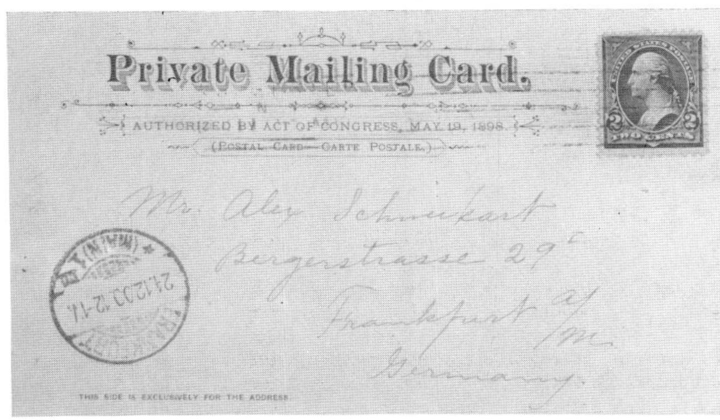

In Amerika waren Ansichtskarten ab 1898 auch offiziell erlaubt, allerdings mit dem Aufdruck: Private Mailing Card (bis ca. 1901). Die Adreßfelder sind z. T. sehr dekorativ.

75	**Offizielle Karte,** 1897	5,–/10,–
76	**Arthur Strauss, New York,** 1901	5,–/10,–
77	**Edward H. Hitchell, Publisher,** 1902	5,–/10,–
78	**Los Angeles 1901**	5,–/10,–
79	**Carl Reichhelm, Chicago,** 1901	5,–/10,–
80	**The Albertype Co., Brooklyn N. Y.,** 1900	5,–/10,–

Postkarten und frühe Photographien sind Primärquellen für die Trachtenkunde. Einer der berühmtesten Trachtenorte in Bayern ist Dachau, wo schon ab 1850 Künstler begannen, die volkskundliche Besonderheit dieser Gegend festzuhalten.

81 Gruß aus Dachau.
Ottmar Zieher, München **30,–**

82 Aus einer Serie: „Bayerische Volkstrachten".
Verlag G. Erdmann, Würzburg **30,–**

83 Ottmar Zieher, München.
Fotokarte des berühmtesten Münchner Postkartenverlags **20,–**

81

82

83

84

84 Sign. Fritz Bergen.
Künstlerpostkarte Ottmar Zieher, München, 1899 **35,–**

85

85 Aus einer Serie „Bayerische Volkstrachten"
Photochromiekarte Burger & Co., München **15,–**

86

87

86 Melonenverkäufer
Ragozino, Neapel, sign. A. P. Valle **20,–**

87 Bologna, San Petronio, Mengoli, Bologna **15,–**

88 Neapel, Pallonetto Santa Lucia,
Richter & Co., Napoli, 1900 **10,–**

89 Venedig. Kapelle in der Lagune **10,–**

90 Marina San Giorgio **10,–**

91 Madonna in der Lagune. Alle Karten: A. Scrocchi, Milano, Editrice Cartoleria Commerciale, Venezia **10,–**

NAPOLI - Pallonetto Santa Lucia

88

Venezia - Madonna in Laguna.

89

Venezia - Marina San Giorgio.

90

Venezia - Capitello in Laguna.

91

92

93

94

92 Kasperltheater in Neapel, sign. Di Stefano **25,–**

93 Anacapri (Weingeschäft Hermann Moll)
Otto Brandes, deutsches Postkarten-Haus, Capri. Italienreisen im Spiegel der Ansichtspostkarten: Vor allem Capri war im 19. Jahrhundert das Ziel deutscher Touristen, vor allem auch aus studentischen Kreisen. Diese Karte trägt den Vers: „O Moll, o Moll, wie war ich bei dir Voll!" **15,–**

94 Neapel, Piazza del Carmine, E. Ragozino, Napoli, sign. Crattonara **15,–**

95 Siena-Toskanischer Ochsenkarren.
Edit. Stefano Venturini, Siena 20,–

96 San Remo, Obstkarren.
Photochromie. D & N. 10,–

97 Gardone. Ankunft des Dampfers.
Ottmar Zieher, München 20,–

95

96

97

98 Bad Tölz. Leonhardifahrt **15,–**

99/100 Max Lerpscher, Bad Tölz **je 15,–**

Das Oberammergauer Passionsspiel oder der Tölzer Leonhardiritt sind nur einige Beispiele von Bräuchen, die sich durch Postkartenserien belegen lassen.

98

99

100

101 Der Schäfflertanz in München, Ottmar Zieher, München, 1893 **30,–**

102 Schwälmer Brautwagen.
Kunstverlag Bäcker, Cassel **10,–**

103 Hochzeitstanz.
Monogramm J. W. Serie Böhmische Volkslieder **15,–**

101

102

103

104

105

104 Andalusisches Volksleben: Gärtner.
Purger & Co München, Colleccion Tomas Sanz, Sevilla. Beispiel für die Exporttätigkeit deutscher Postkartenhersteller. **10,–**

105 Russland (Osterkirchgang). 1911 **15,–**

106 Le Havre-Krabbenfang. 1907 **20,–**

107 Arcachon – Austernbrechen.
Impr. Reunion, Nancy **30,–**

108 Milchtransport in Flandern
G. H. ED., 1900 **10,–**

109 Frühstücksstand.
Aus der Serie: Camelots de Paris. Camelots sind die kleinen Händler in Paris, beliebtes Sujet zahlreicher Postkartenserien. **15,–**

110 Appenzeller Sennen.
Gebr. Wehrli, Kilchberg, Zürich **20,–**

111 Bauern in Rättvik
Axel Eliassons Konstförlag, Stockholm, 1910
(„... erinnert doch ein bißchen an Salontyroler-Mache.") **10,–**

112 Typen aus Russisch-Polen
K. & Co. B., 1917 **8,–**

113 Panjewagen bei Brest-Litowsk.
Feldpostkarte 1916 **10,–**

106

107

108

109

110

111

112

113

114

116

118

115

117

119

114 Schweizer Sennen 10,–

115 Edition Photoglob, Zürich 10,–

116 10,–

117 Tyroler Tracht.
Prägekarte mit Textilapplikation 15,–

118 Grüss Gott. 1908 15,–

119 Mädchen vom Tegernsee.
Sign. Emma von Müller, T. S. N. 10,–

120

122

124

121

123

125

120 Ukrainische Mädchentracht.
Granbergs Brefkort, Stockholm 8,–

121 Bayerische Volkstrachten.
Oberpfalz und Regensburg, F. Scherner, Würzburg. Verlag Gustav Erdmann, Würzburg, 1898 25,–

122 Elsässer Bauern.
J. M. & Cie, 1908 5,–

123 Reitertracht von Emiliano Zapata.
Mexico 10,–

124 Tiroler Bauer. Photokarte, 1907 12,–

125 Tiroler Bauern. Photokarte 12,–

126

128

130

127

129

131

126 Betender Türke.
Verlag T. Perović, Trebinje **10,–**

127 Betender Muslim.
Vlg. Albert Thier, Sarajevo **10,–**

128 Vorbereitung zum Gebet.
Verlag Pacher & Kisić, Mostar, 1904 **10,–**

129 Wasserverkäufer in Tanger.
Nahon & Lasery, Tanger, schablonenkolorierter Lichtdruck **10,–**

130 Ägyptischer Wasserverkäufer.
Monogramm A. S. **10,–**

131 Musiker aus Niger.
Garrigues Tunis, handkol. Lichtdruck, 1908 **15,–**

132

134

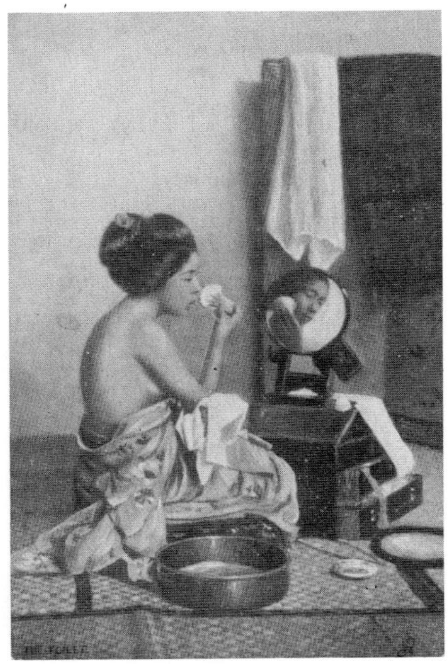

136

133

135

137

132 Am Brunnen 10,–

133 Junge Negerin 10,–

134 Orientalin, 10,–

135 Japan, 1910 10,–

136 Geisha bei der Toilette. Raphael Tuck „Oilette“ (Deutscher Aufdruck) 10,–

137 Geisha. Handkol. Photo 10,–

138

139

140

141

142

143

138 Marokkaner beim Teetrinken.
Edit. Kricorian, Casablanca, handkol. Lichtdruck, 1920 — 10,–

139 Türkischer Kofferträger. *(Gruss aus-Karte)*
Max Fruchtermann, Konstantinopel, 1903 — 20,–

140 Indische Gaukler. Printed in Germany, 1914 — 20,–

141 Alexandria. Haremsszene. — 15,–

142 Kairo. Arabisches Kaffeehaus. — 10,–

143 Sesamringehändler in Konstantinopel. — 20,–

144

147

145

148

146

149

144 Smyrna. Türkische Frauen bei der Feigenlese. Publ. Decipris 20,–

145 Leichenverbrennung, Sri Lanka. Plâtés Post Card, Colombo, 1920 20,–

146 Boot vom Bismarck-Archipel, „Marine-Galerie". Sign. Chr. Rave, 1917 10,–

147 Marokko. Real-Photo-Strasbourg 10,–

148 Japanisches Spiel. Raphael Tuck „Oilette" 10,–

149 Brasilien. Fotokarte, 1905 20,–

150 Postkarte mit Veilchenduft. J. G. Schmidt, Erfurt, G.M.S. 93637, sign. C. Klein **10,–**

151 Mittweida. Wehrt, Braunschweig, Ges. gesch. imit. Seidenkarte **15,–**

152 „Füllhorn"-Karte, 1901. „Schau in's Brieflein nur hinein, Da steht d'rinn wie gut ich's mein!" **10,–**

150

151

152

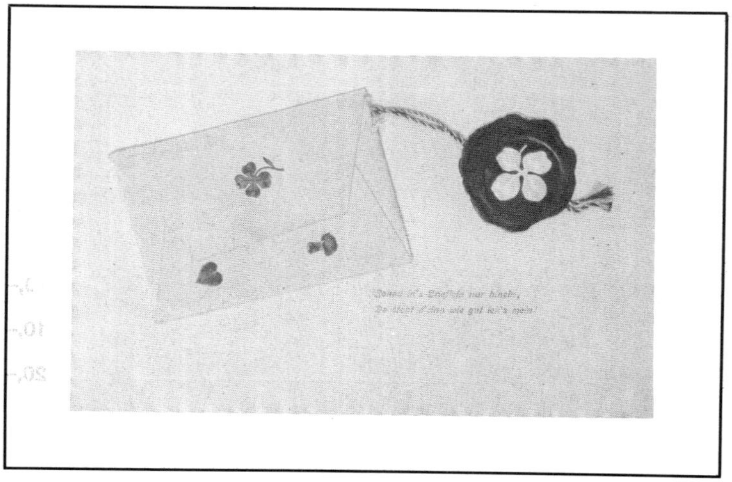

153 Glasperlenbesetzte Karte. 1901 **10,–**

154 Oberlahnstein. Louis Glaser, Leipzig, 1902. Die Karte ist geschlitzt. In den Schlitzen steckt eine kleine Champagnerflasche. **20,–**

155 Klappkarte. (Bildmetamorphose: Wird die Klappe umgelegt, erscheinen statt der Knie zwei glatzköpfige Männer.) **30,–**

153

154

155

156 Regensburg. Durchscheinkarte „Meteor", D.R.G.M. 88690, Verlag Carl Otto Hayd, München. Die Karte ist im Sandwich-Verfahren aufgebaut. Die mittlere Lage ist teilweise ausgestanzt. Wird die Karte gegen das Licht gehalten, scheinen die Fenster durch. **30,–**

157 Stimmenkarte. D. Grödel, Frankfurt, D.R.G.M. 163591 (gesch. in fast allen Culturstaaten), 1903
Drück' zweimal mich, schrei „Wauwau" ich! **30,–**

158 München. Brandmalerei auf Holz **25,–**

156

157

158

159

161

163

160

162

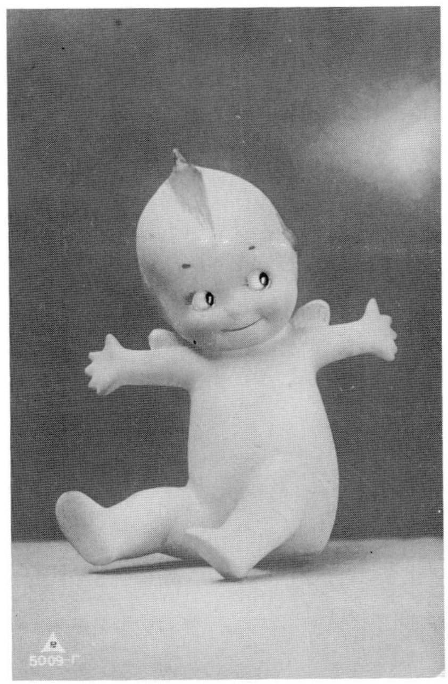

164

159/160 Drehkarten. Mit auf- bzw. untertauchendem U-Boot, E.N.N. **je 80,–**

161 Astronomische Uhr im Straßburger Münster.
Vlg. Felix Luib, Straßburg **5,–**

162 Kloster Indersdorf. Postkarte mit Drehscheibe, 1909 **60,–**

163 Sanduhrenbild. Wird die Karte auf den Kopf gestellt, leert sich die Flasche. Made in Japan **10,–**

164 Postkarte mit eingesetzten Glasaugen.
P. M. (Mexico) **15,–**

165

167

169

166

168

170

165 Megaera. Durchscheinkarte des Verlags Kosmos, München. In der Wolke erscheint, wenn man die Karte vor eine Lichtquelle hält, ein Mann. **25,–**

166 Gruss aus München. Perlenkarte von Rosenblatt, Frankfurt **15,–**

167 Karte mit Konturen aus aufgeklebtem Glasstaub. 1901 **10,–**

168 Karte gestickt und mit Stoffapplikationen. Spanien, neuzeitlich **5,–**

169/170 Trachtenpaar Applikationsarbeit aus Stoff und Papier **je 25,–**

171 Bad Kissingen. J. Junginger's Verlag, Stuttgart, 1902 **30,–**

172 Bad Kissingen. Junginger, 1902 **30,–**

173 Frankfurt a. M. Verlag Rosenblatt, Frankfurt, 1903 **30,–**

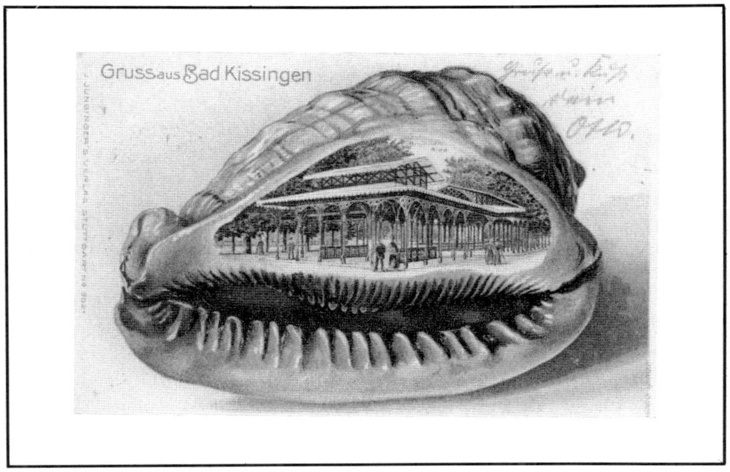

171

172

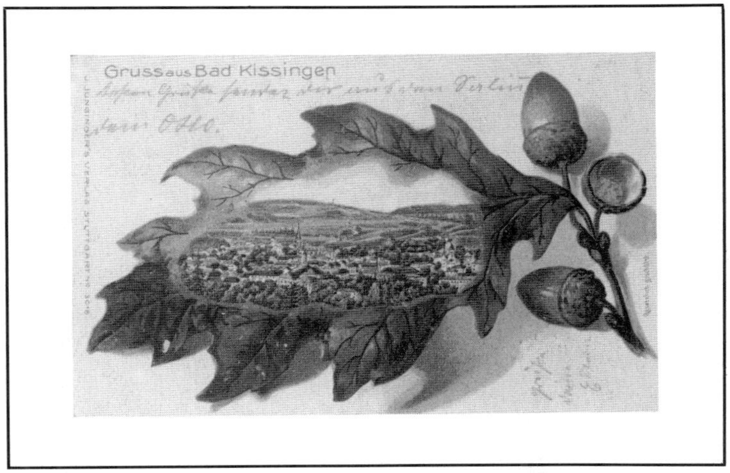

173

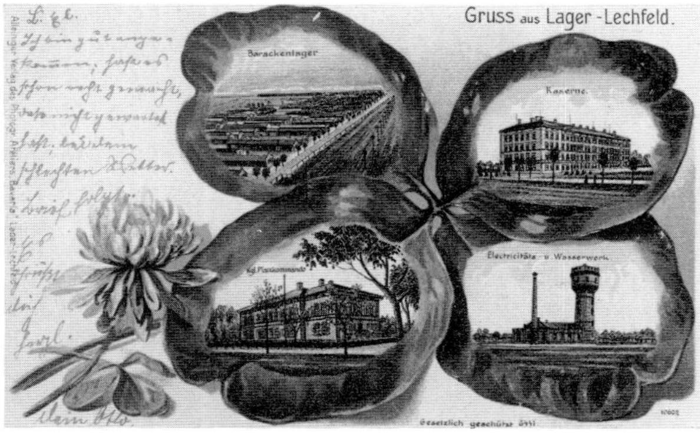

174

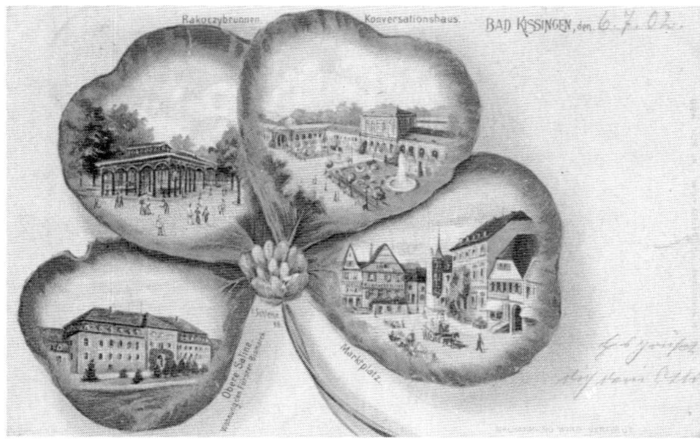

175

176

174 Lager Lechfeld. Atelier „Bavaria“. Druck Rosenblatt, Frankfurt, 1904 **30,–**

175 Bad Kissingen, Sign. E. Schlemo 98, Druck B. Schwenke, Königstein/Elbe, 1902 **20,–**

176 München, Marienplatz **25,–**

177

180

178

181

179

182

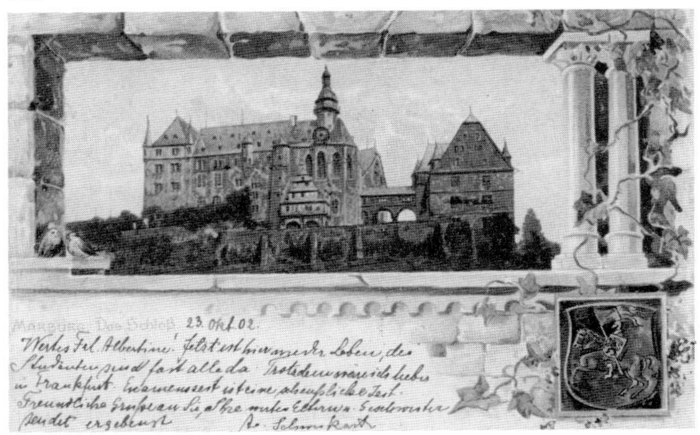

177 Bad Kissingen. 1902 30,–

178 München, Karlsplatz
Neumann's Vlg., München, 1902 40,–

179 Freudenstadt. 1904 20,–

180 Frankfurt a. M. 1903 25,–

181 Aachen. Verlag Victor, Köln, 1902 25,–

182 Marburg. M.V.M., 1902 30,–

183

184

185

186

187

188

183/188 Geprägte Wappenserie. Kunstanstalt Stern & Loeb, Frankfurt und London, 1902 **je 30,–**

189

190

191

189	**Physikalische Karte Mexikos,** 1910	30,–
190	**Gruß aus Regensburg.** F.X. Kummer, Regensburg	15,–
191	**Reliefkarte auf marmoriertem Grund.** Frankreich	20,–

192

193

194

195

196

197

192/197 E. Hansen (= Emil Nolde).
Schweizer Bergpostkartenserie. Oft kopiert, aber nie erreicht. **je 150,–/300,–**

198

199

200

201

202

203

198/203 G. Mouton: Die Frau als Bergsteigerin, Motorradfahrerin, Advokat, Fechterin, Eisläuferin, Reiterin, handkoloriert

Serie 240,–

204

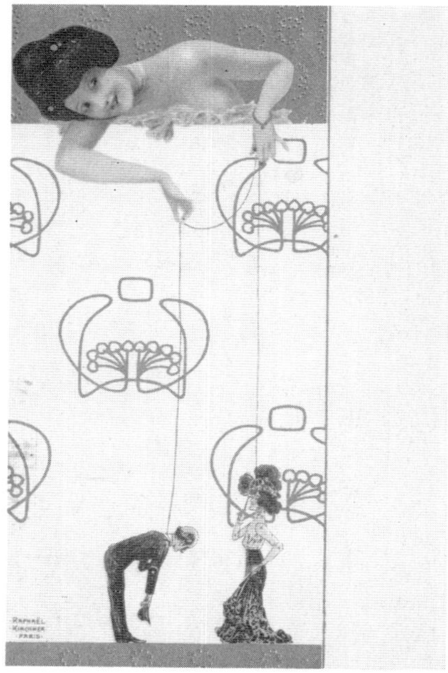

206

208

205

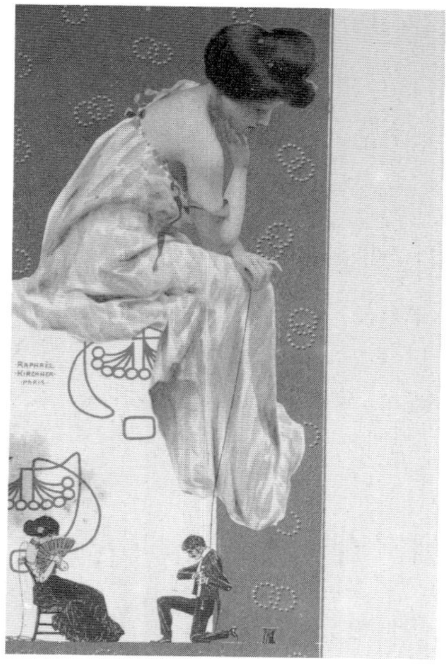

207

209

204/209 Marionetten. E.S.W. (= Wien). Sign. Raphael Kirchner, Paris
Raphael Kirchner (1876–1917) war einer der produktivsten Postkartenentwerfer des Jugendstils. In der Regel sind seine Serien signiert, es gibt aber auch anonyme Karten, die Kirchner zugeschrieben werden. Noch mehr wie Mucha, hat er die Ansichtskarte weg von der Gebrauchsgraphik hin zum autonomen Kunstwerk geführt. Jede einzelne Karte dieser Serie hat ein eigenes Punzenmuster auf Goldgrund. **Serie 900,–**

210

212

214

211

213

215

210 Veilchenkarten („Violetta") 15,–

211 Geprägte Ornamente, 1901 15,–

212 15,–

213 Schöne Frauen 25,–

214 Arabien, Ägypten, Tatarei, 1902 25,–

215 25,–

216

218

220

217

219

221

216/217 Frauen des Mittelalters 10,–

218 1902 10,–

219 Blumenkarte, 1901 20,–

220 Frauen aller Zeiten und Länder.
A. Sockl, Wien 20,–

221 Frauenmosaik.
Franz. Prägekarte 20,–

222

224

226

223

225

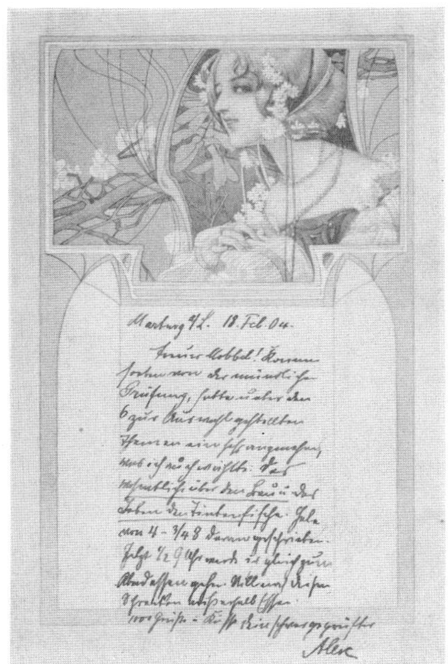

227

222/227 Grisaille-Karten. M.M. Wien, 1904.

Kartenserien sind nur ein Ausdruck der Postkartenmanie in Deutschland. Durchaus im Sinne der Hersteller wurden sie auch verschrieben und verschickt, so wie diese 6 Exemplare innerhalb einer Woche. **je 20,–**

228

229

230

228/229 Französische Prägekarten. **je 25,–**

230 Alphonse Mucha,
„Topas" aus der Serie der Steine. **600,–**

231 Postillon d'amour (1902) 5,–

232 Ein Liebeslied (1916) 5,–

233 Der Fischer. W.R.B. & Co., Wien, Galerie Wiener Künstler, 1918 5,–

234 Am Brunnen vor dem Tore. W.R.B. & Co. Wien, 1918 5,–
Hans Zatzka (1859–1945), ein Wiener Maler der Makart-Nachfolge, ist der absolute Spitzenreiter unter den Postkartenkünstlern seiner Zeit, was die Auflagen betrifft. Neben den Postkarten, die verschiedene Verlage vertrieben (u. a. auch unter dem Pseudonym Zabaterie), schuf Zatzka einige der berühmtesten „Schlafzimmerbilder" (Elfenreigen u. a.), große Farblithographien als Wandschmuck.

231

232

233

234

235

236

235 Oberammergau. Doppelkarte, gefaltet
Ottmar Zieher, München, sign. Zeno Diemer **40,–**

236 Oberammergau.
Ottmar Zieher, München **25,–**

237 Kärnthen, Dobratsch u. Bluberg.
Ottmar Zieher, München,
sign. Raoul Frank **25,–**

237

238

239

238 Siegestor.
Ottmar Zieher, München, sign. P.K. (Paul Kley) **15,–**

239 München. Karlsplatz.
Verlag J. Velten, Karlsruhe, Druck E. Nister, Nürnberg, sign. Kley **15,–**

240

241

242

243

244

245

240 Berlin. Siegesallee.
Verlag Velten, Karlsruhe, Schmidt & Staub, Nürnberg, sign. Kley **15,–**

241 Monte Carlo.
Velten, Karlsruhe, Schmidt & Staub, Nürnberg (Editeurs).
Lit. E. Nister, Nürnberg, sign. M. Wielandt **20,–**

242 Schw. Gmünd
Ottmar Zieher, München, sign. Fritz Bergen 98, 1901 **25,–**

243 Ochsenbraterei auf dem Oktoberfest.
Ottmar Zieher, München, unleserliche Signatur, 1925 **35,–**

244 Im Blütenflor.
Meissner & Buch, Leipzig, sign. Paul Hey, 1907 **20,–**

245 Schloß Nymphenburg.
Sign. Carl Kunst **50,–**

246

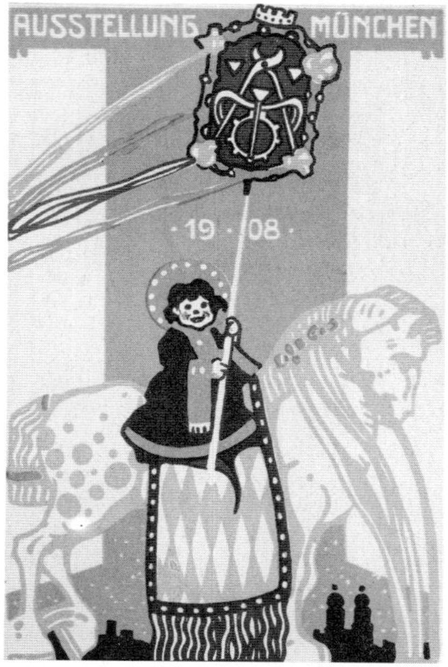

248

250

247

249

251

Zur Münchner Ausstellung 1908 erschien eine ganze Reihe werbender Postkarten höchster künstlerischer Qualität.

246 Müller-Hoffmann.
Druck Hubert Köhler, München 40,–

247 Fritz Klee.
Druck Köhler, München 40,–

248 Otto Obermeier.
Druck Köhler, München 40,–

249 Julius Diez.
Druck Köhler, München 40,–

250 Ludwig Hohlwein.
(Monogramm L. H.).
Druck Köhler, München 80,–

251 Ludwig Hohlwein.
Druck Köhler, München 80,–

252

254

256

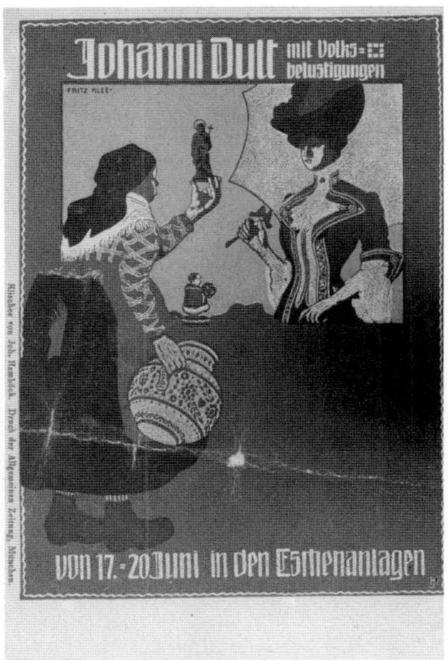

253

255

257

252 Förderung der Luftfahrt.
Edwin Henel, München 100,–

253 Johanni Dult. Fritz Klee.
Druck der Allgemeinen Zeitung München 150,–

254 Kunst im Handwerk.
Bruno Paul. 1901 180,–

255 Meisterwerke Muhammedanischer Kunst 1910.
Helene Schmitt, F. Bruckmann, München 50,–

256 Bayrische Gewerbeschau 1912.
Ferdinand Spiegel, F. Bruckmann, München 30,–

257 Bayrische Gewerbeschau.
Sign. Erich Wilke 11 (1879–1936), Bruder des berühmten Simpl-Zeichners Rudolf Wilke. 60,–

258

260

262

259

261

263

258 E.A.S. Printed in Germany, 1912 10,–

259 Printed in Austria („MONOPOL“), 1917 15,–

260 L.J.S.F.F., 1900 5,–

261 Marke „ERIKA“, geprägte Umrisse 15,–

262 M.S.B., 1906 15,–

263 B. Dondorf, Frankfurt, 1911 15,–

264

266

268

265

267

269

264 Genieße stolz was dir beschieden..., 1925 15,–

265 Made in Germany 15,–

266 U.S.A., 1912 20,–

267 Marke S.B. 10,–

268 Raphael Kirchner, Paris (1876–1917), 1901 150,–

269 Sign. Maria Likarz-Strauß
(geb. 1893)
Wiener Werkstätte Karte No. 748 1000,–

270

271

272

270/271 **Sign. Gretl Scheffer,** W.R.B. & Co., Wien, 1915 **je 25,–**

272 **Marke S.B.,** Printed in Germany, 1905 **15,–**

273

274

275

273 **U.S.A.,** „New Year Post Card Series“, 1909 **15,–**

274 **Wetterhahn-Marke,** 1903 **15,–**

275 **Marke „Amag“.** Österreich, 1920 **5,–**

276

281

282

277

278

279

280

276 Durchscheinkarte:
Gruß aus der Sylvesternacht in Regensburg. Gebr. Metz, Tübingen. D.R.G.M. 84131, 1897.
Hält man die Karte gegen das Licht, erscheinen in den schwarzen Feldern der Glückwunsch und ein Bild. 30,–

277 Frankfurt a.M. Kunstanstalt Rosenblatt. Obst & Südfrüchte-Handlung Ludwig Ewald, 1900 25,–
278 Marke DES, 1900 10,–

279 München. Masken-Corso auf der Maximilianstraße.
C. Andelfinger & Co., München 40,–

280 Künstlerfest 1908.
Sign. H. Schwabe. Druck Huber, Jodan & Koerner, Nürnberg 80,–

281 Druck G. Danner, Mühlhausen. i. Thür., o.J. 40,–

282 Sign. Cattonaro, Barabino e Graeve, Genova. (Zugleich Werbekarte für Odontalbos) 20,–

283

284

285

286

287

288

283 1906 15,–

284 o.O., o.J. 15,–

285 U.S.A., Marke P.F.B. Relief 15,–

286 S.B. Spezial, 1919 15,–

287 M.M.N.,
sign. Pauli Ebner, 1925 10,–

288 R.F.B., 1903 15,–

289

290

289 1918 15,–

290 1901 10,–

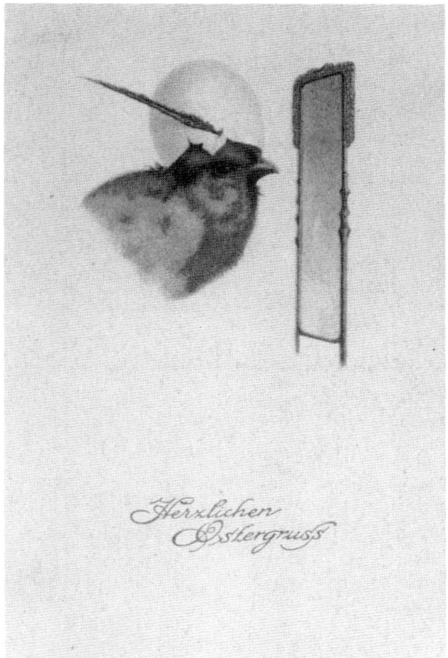

291

292

291 Marke S.B., 1918 10,–

292 Finnland 15,–

293

294

293 1901 15,–

294 Raphael Tuck, Chromographed in Berlin, 1904 15,–

295

296

297

298

299

300

295	**Amag,** 1932	15,–
296	**U.S.A.,** 1905	10,–
297	**1927**	15,–
298	**1927**	10,–
299	**o.O., o.J.**	20,–
300	**1903**	10,–

301

302

303

304

305

306

301	**R.F.W.S.,** 1912	**15,–**
302	**Ost I,** 1904	**15,–**
303	**1907**	**10,–**
304	**H.H. i.W. (=Wien),** 1913	**20,–**
305	**Sign. Mailick,** 1902	**10,–**
306	**Sign. Mailick,** 1903	**10,–**

307

308

309

310

311

312

313

314

315

316

307 U.S.A., 1907 **10,–**

308 U.S.A. **10,–**

309 1909 **10,–**

310 Raphael Tuck & Sons „Easter Gladness".
Printed in Saxony, 1912 **20,–**

311 1901 **15,–**

312 U.S.A., 1907 **10,–**

313 U.S.A., 1910 **10,–**

314 U.S.A., **20,–**

315 U.S.A., Printed in Germany, 1911 **10,–**

316 U.S.A., United Art Publishing Co. New York. Printed in Germany, 1913 **10,–**

317

318

319

320

321

322

317 **M.S.i.B.**, 1903 **15,–**

318 **Marke M.B.N.** (= Moriz & Barschall, Neukölln) **5,–**

319 **„Import“**, Made in Germany, 1912 **20,–**

320 **„Erika“**, 1903 **10,–**

321 **1928** **15,–**

322 **1900** **20,–**

323

324

323 Lebkuchenbild, 1905 **20,–**

324 Gruß vom Krampus, Marke S.B. geprägt, 1913 **25,–**

325

327

329

326

328

330

325 M.S.i.B. 8,–

326 1912 8,–

327 H & S, 1914 8,–

328 W.S.+S.B., 1914 8,–

329 Valentinstag, U.S.A. 8,–

330 Erster Schultag,
Marke „Erika", 1931 8,–

331

332

333

334

335

336

331/332 Marke OH Berlin, 1927 **je 8,–**

333 1908 **15,–**

334 Marke „Erika“, 1931 **10,–**

335 Marke „Tannenzweig“, 1905 **10,–**

336 S.B., 1922 **10,–**

337

338

339

340

341

342

337 Erlanger Bergkirchweih (Hippodrom).
Verlag und Druck Bruno Bürger, Leipzig 35,–

338 Bremer Freimarkt. Kunstanstalt Langebartels & Jürgens, Altona/Bremen, 1900 50,–

339 Oktoberfest, 1902 40,–

340 Gruß (vom Volksfeste), (aufgegeben in Regensburg)
Karl Stücker's Kunstanstalt, München, 1898 35,–

341 Oktoberfest.
Joseph Moch München, sign. G.R., 1897 50,–

342 Oktoberfest.
Ottmar Zieher, München, 1910 20,–

343

346

344

347

345

348

343 Dürkheimer Wurstmarkt.
Bruno Bürger, Leipzig, 1898 — 40,–

344 Gruß von der Kerwe.
Karl Schäuble, Mannheim, 1900 — 40,–

345 Volksfest Dachau.
Verlag Heinrich Trinkgeld, Dachau, 1901 — 60,–

346 Hattersheimer Kirchweihe.
Verlag W. Kreuzkam, Frankfurt a.M., 1899 — 50,–

347 Laaspher Schützenfest — 40,–

348 Volksfest in Regensburg.
Kugler & Dimmler, Nürnberg — 40,–

349

352

350

353

351

354

349 Ohne Bezugsschein (ca. 1918) 5,–

350 S.B. Vienna, 1902 15,–

351 Öffentliche Sitzung, 1913 15,–

352 Scherzkarte, W.S. + S. B, 1926 10,–

353 o.O., o.J. 10,–

354 1899 10,–

355

357

359

356

358

360

355 Made in U.S.A. **15,–/25,–**

356 Carl Zewy: Wer dort?
W.R.B. & Co., Wien, Galerie Wiener Künstler, 1919 **15,–/25,–**

357 Dix, Paris, 1930 **15,–/25,–**

358 Neujahrskarte,
sign. A. Mailick, 1900 **15,–/25,–**

359 Made in U.S.A. **15,–/25,–**

360 Neujahrskarte,
P.F.B., „gel. Brillant“, 1910 **15,–/25,–**

361

362

363

366

364

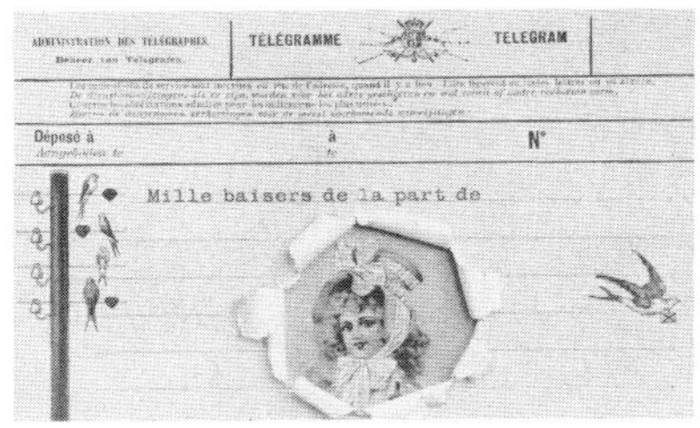

367

365

368

361/362 Briefkasten-Serie, 1904 **je 12,–**

363 Geburtstagskarte mit Briefkasten, 1907 **20,–**

364 U.S.A., 1898 **10,–**

365 Am Schreibtisch, Fotokarte **5,–**

366 Marke P.R.A. **15,–**

367 Telegramm, Frankreich, 1909 **15,–**

368 Postanweisung. Verlag Steinhäusser, Augsburg **25,–**

369

371

370

372

369 Klavierstunde. T. Königer pinx., 1916 **5,–/10,–**

370 Ihr Lieblingsbuch, A.Sch. & Co., B.Sch. An dieser Stelle sei empfohlen: Bruno Kaiser, Bücher ohne Titel. Ein Postkartenalbum, in dem sich der Autor Gedanken macht, welche Bücher da wohl jeweils gelesen werden. **5,–/10,–**

371 Das verbotene Buch. Robert Völcker sign. Neue Photographische Aktiengesellschaft, Berlin-Steglitz **5,–/10,–**

372 Fotokarte P.G., 1908 **5,–/10,–**

373

374

375

376

377

378

373 J.W. & Co. 8,–

374 Fotokarte 5,–

375 Die Tonleiter, Carl Larsson sign. („Jugend"-Postkarte) 20,–

376 Sein Lieblingslied. Von E. Schlemo. Marke J.S.C. 5,–/10,–

377 A. Jakesch: Abschied, Minerva, Prag 5,–/10,–

378 Carl Larsson: Die werdende Diva, G. Hirth, München 20,–

379

381

383

380

382

384

379 Sign. P.O. Engelhard, T.S.N., 1915 **15,–**

380 Sign. P.O. Engelhard, 1916 **15,–**

381 Sign. P.O. Engelhard, T.S.N., 1915 **10,–**

382 Ganz der Vater, M. Munk, Wien **10,–**

383 Vater's Helm, M. Munk, Wien **10,–**

384 Deutscher Sommer, sign. Richard Klein 1914, Verlag Callwey, München **10,–**

385

387

386

388

385/388 Vier Karten von Aline Stickel.
Verlag B. Dondorf, Frankfurt a.M., 1917 **zus. 100,–**

389

390

391

389 Prinzregent Luitpold.
Ottmar Zieher, München, 1915 **15,–**

390 60jähriges Regierungsjubiläum.
Franz-Joseph I. 1908, Ottmar Zieher, München **15,–**

391 Neujahrskarte. T.S.N., 1911 **30,–**

392/396a Verschiedene Serien, o.O.o.J. **10,–/15,–**

392

394

396

393

395

396a

397

399

398

400

397 Monogrammiert SB.P., M.M. 8,–

398 Die Spielratzen.
Sign. Pauli Ebner, AG.B., 1930 15,–

399 Namenstagskarte.
Sign. Pauli Ebner, M. Munk, Wien, 1920 15,–

400 Weihnachten. Sign. Pauli Ebner 20,–

401

402

403

404

405

406

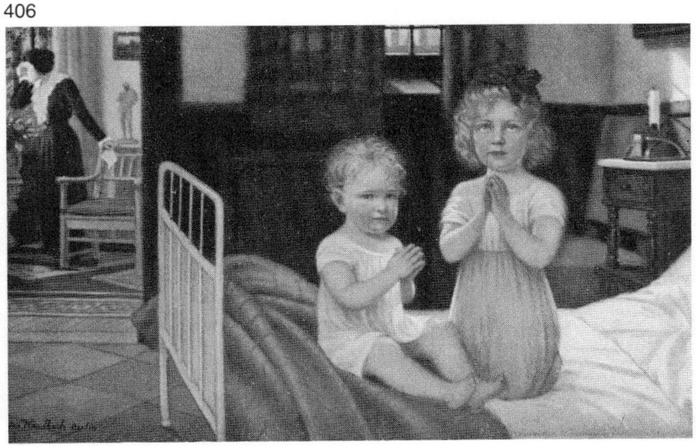

401 o.A. 20,–

402 o.A. 20,–

403 1909 15,–

404 Adam und Eva. M. Munk, Wien 8,–

405 Abendgebet.
Nach dem Original von Mela Köhler, M. Munk, Wien 40,–

406 Abendgebet. Verlag Novitas, Berlin 8,–

407

409

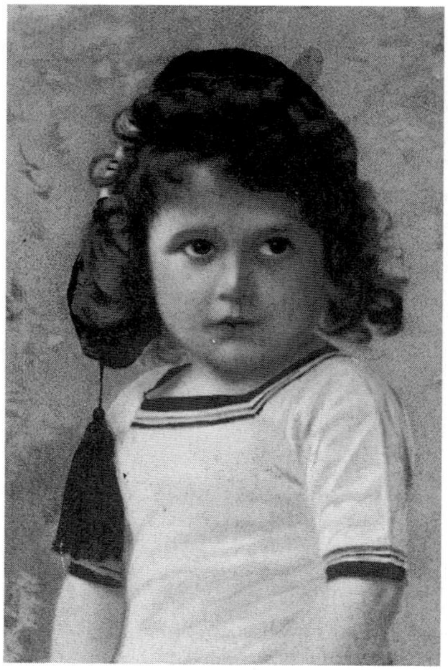

411

408

410

412

407/411 Fünf Karten aus einer Künstlerpostkartenserie.
Meissner & Buch, Leipzig **je 5,–/10,–**

412 Sein Spielkamerad.
M.H.M. „Münchner Kunst" **5,–/10,–**

413

415

417

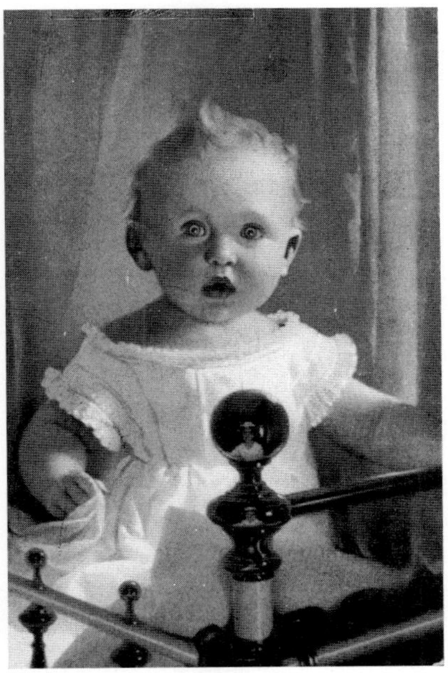

414

416

418

413 1923 8,–

414 o.A. 8,–

415 Schutzengel, 1918 **12,–**

416 o.A. 8,–

417 Made in U.S.A., Marke B.S., 1917 **8,–**

418 Reinthal & Newman Publ., N.Y., 1913 **8,–**

419

420

419/420 Aus einer Kinderkartenserie.
Deutschland, 1904 **je 10,–**

Das Beschreiben des rückwärtigen Adressfeldes war nicht gestattet. Manchmal weist sogar ein entsprechender Aufdruck darauf hin. Wenn der Schreiber allerdings so kunstvoll die Ansichtsseite benutzt, versöhnt das mit den vielen Fällen, in denen Karten durch starke Beschriftung in ihrer äußeren Erscheinung leiden.

421 England 1906 **10,–/15,–**

422 Kinderpostkarte.
Kunstanstalt Wilhelm Boehme, Berlin, 1900 **10,–/15,–**

421

422

423

423 Prosit Neujahr! **15,–**

424

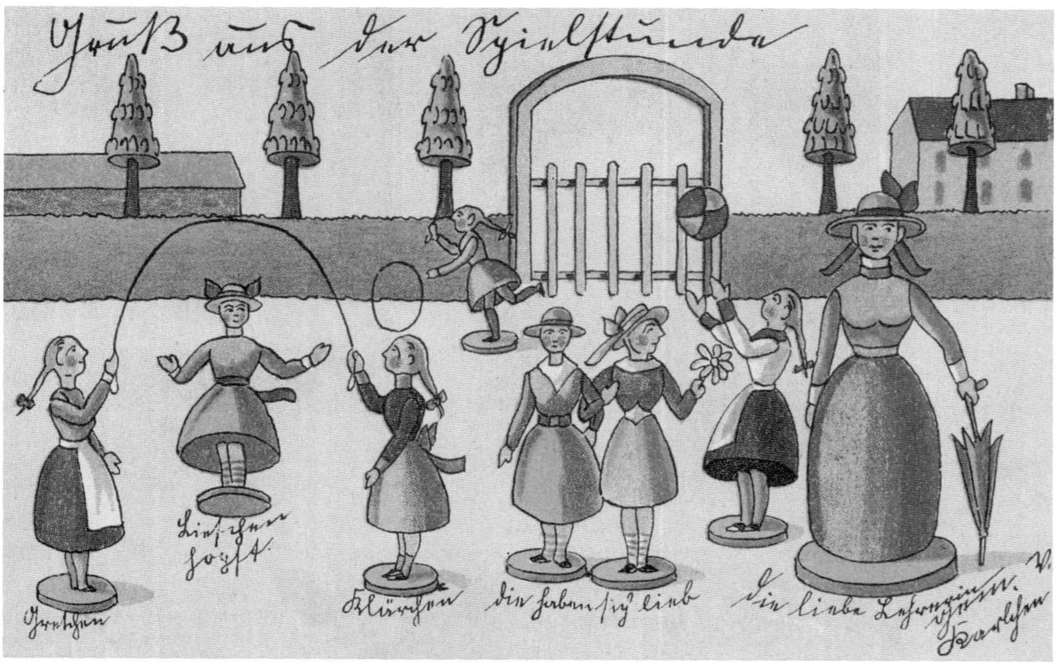

424 Gruß aus der Spielstunde **15,–**

425 1901 15,–

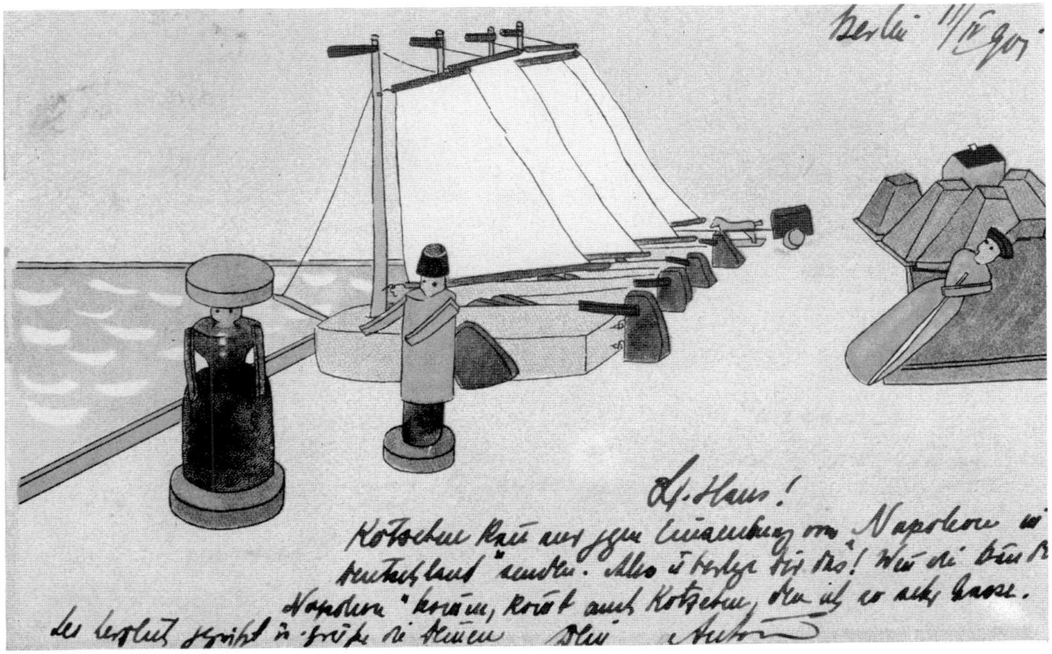

425

426

426 T.S.N., 1910 **15,–**

EARL MORAN
WELL—I'D LIKE TO
SEE MORE OF YOU, TOO
A MUTOSCOPE CARD
PRINTED IN U. S. A.

427

"THE PADLOCK WAS
MY OWN IDEA"
A MUTOSCOPE CARD
PRINTED IN U. S. A.

428

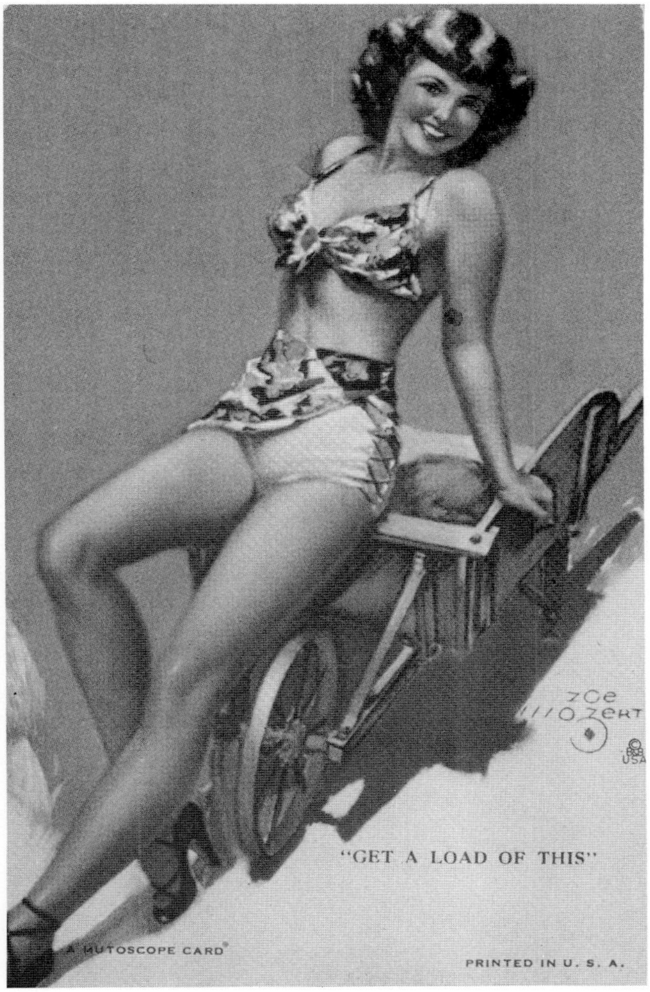

429

430

427/430 Amerikanische Glamour Girls. Printed in U.S.A., A Mutoscope Card, diverse Signaturen, um 1940 **je 12,–**

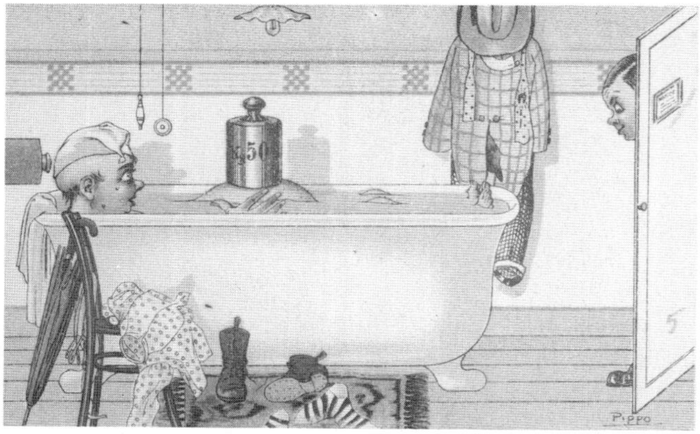

431

432

433

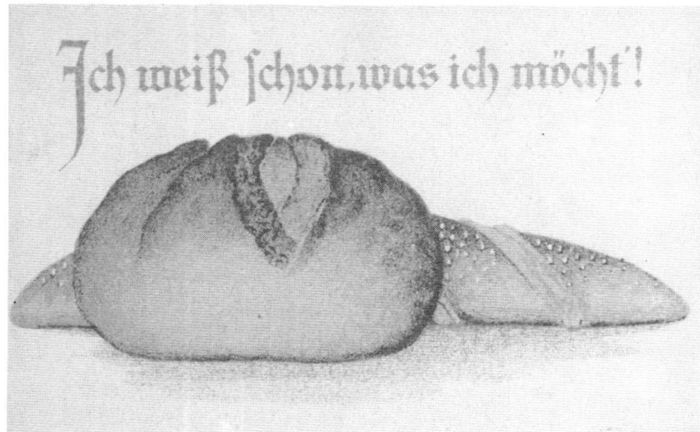

434

435

436

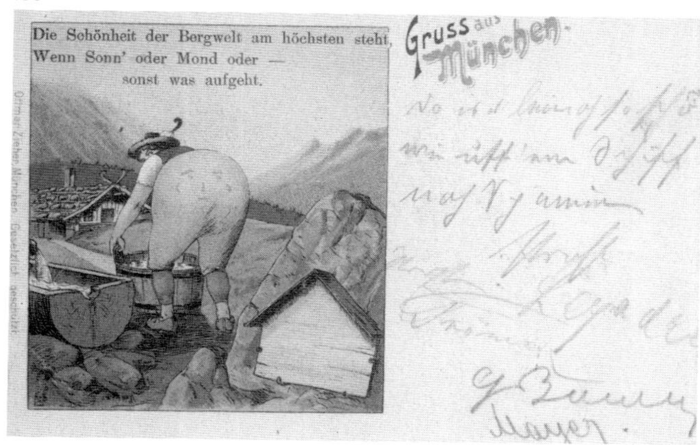

431 Sign. Pippo.
Stampata in Italia (um 1925) **15,–**

432 Sign. Pippo.
Stampata in Italia (um 1925) **15,–**

433 Neckkarte. Deutsch (um 1890) **15,–**

434 Obszöne Karte.
Treuland-Verlag, Wien, 1915 **15,–**

435 Jahrmarktskarte.
Verlag Bruno Bürger, Leipzig **15,–**

436 Gruß aus München.
Ottmar Zieher, München, 1899 **15,–**

437

439

438

440

437/440 Aus einer Serie der Marke P.F.B.
z. T. mit Goldschnitt, 1905 **je 10,–**

441

443

445

442

444

446

441 **Marke J.S.C.,** mongr. H.W. **6,–/12,–**

442 **G.G.W. (=Wien),** 1917 **6,–/12,–**

443 **Sign. H. Hector 19** **6,–/12,–**

444/446 **Marke „Selectio“, Italien je 6,–/12,–**

447

449

451

448

450

452

447 Arno von Riesen: Besiegt,
S.G.S.i.B., 1920 **6,–/12,–**

448 Glückselig.
Marke M, 1920 **6,–/12,–**

449 Sign. A. Kersten.
W.S+S.B **6,–/12,–**

450 Berauscht vom Glück.
M. Schartner, Verlag Neue Meister, Berlin **6,–/12,–**

451 Seligkeit.
E. Schlemo, Marke J.S.C. **6,–/12,–**

452 Marke „Selectio".
Italien **6,–/12,–**

453

455

457

454

456

458

453/458 Aus den Serien:
„Auf zum Tanz“ und „Schöne Frauen“.
Meissner & Buch, Leipzig, 1902 **je 10,–/15,–**

459

461

463

460

462

464

459/464 Aus den Serien:
„Graziöse Gestalten", „Jahreszeiten", „Frohe Tage" und „Aus vergangenen Tagen"
Meissner & Buch, Leipzig, 1902 und 1903
je 10,–/15,–

465

467

469

466

468

470

465 Der Riese Machnow.
1903 **20,–**

466 „Prinzessin Elisabeth".
Die lebende Käthe-Kruse-Puppe, Schmidt & Gebr. Böttger, Lübeck **35,–**

467 Consul II.
Fotokarte **20,–**

468 Luftakrobaten.
Familie Arthur Strohschneider **20,–**

469 Anita, die lebende Puppe.
Gebr. Schmidt, Lübeck **20,–**

470 Michaelis Rose & Partner.
Jongleur, Gebr. Schmidt, Lübeck **35,–**

471

472

473

474

475

476

471 Hagenbeck's Malabares Truppe. 1902 — **20,–**

472 Zeltstadt.
Fotokarte — **20,–**

473 Hagenbecks indische Völkerschau — **20,–**

474 Äthiopisches Dorf.
Auf der Jagdausstellung Wien, 1910 — **20,–**

475 Schaefer's Liliputstadt.
Lübecker Lichtdruck Schmidt & Böttger, 1934 — **15,–**

476 Lionel der Löwenmensch — **25,–**

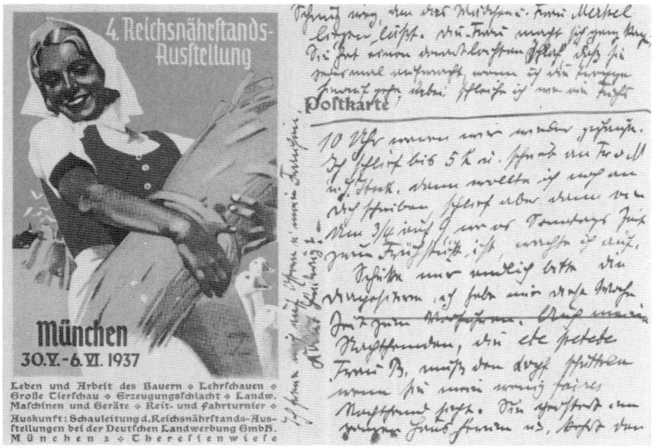

477

478

479

480

481

482

477/482 Werbekarten **je 20,–/25,–**

Um 1935 wird das alte Postkartenformat von 14x9 cm langsam vom heutigen DIN-Format abgelöst.

483

485

487

484

486

488

483 Paul Brann's Marionettentheater.
Münchner Künstler, sign. Julius Diez **100,–**

484 Marionettentheater.
Sign. Ignatius Taschner, Druck v. Hubert Köhler, München **100,–**

485 Lyrisches Theater München.
Sign. Paul Rieth **150,–**

486 Appels Delikatessen.
Diez und Scholl **80,–**

487 Jos. Schwaiger's Wwe. Tauwerk.
Sign. Ludwig Hohlwein, München **100,–**

488 Odeon-Casino München.
Druck Consée **100,–**

489

490

491

492

493

494

489 Harry Liedtke
Phot. Becker & Maass, Berlin **8,–/15,–**

490 Asta Nielsen.
Phot. Willinger, Verl. Hermann Leiser, Berlin, 1916 **8,–/15,–**

491 Henny Porten.
Photo Karl Schenker, Berlin, 1916 **3,–/8,–**

492/494 Shirley Temple
N.MM. Italia, 1940er Jahre **je 8,–/15,–**

495

496

497

498

499

500

495/500 Französische Militär-Serie.
Sign. Van Dock **100,–**

501

505

509

502

506

503

507

504

508

510

510–504 / 507–510 Feldpostkarten von H. Bahlsen.
(Keks-Fabrik, Hannover)
Walter Georgi, Julius Diez, Ludwig Hohlwein, Josse Goossens **je 25,–/35,–**

505 (L. Hohlwein) **40,–**

506 (Czeschka) **80,–**

511

513

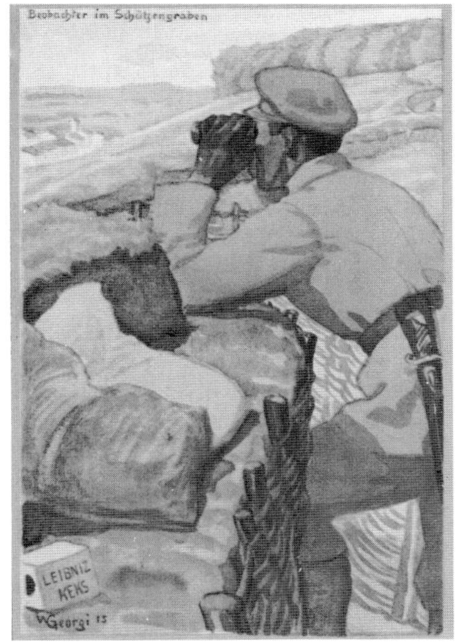

515

512

514

516

511/516 Feldpostkarten der Keks-Fabrik H. Bahlsen.
W. Georgi 1915 **je 25,–/35,–**

517

518

519

520

521

522

517/519 Josse Goossens je 15,–/35,–

520/521 Ludwig Hohlwein je 15,–/35,–

522 Offizielle Postkarte des Wohlfahrtsausschusses
Ludwig Hohlwein, Dr. C. Wolf G.m.b.H.
25,–/35,–

523

524

525

526

527

528

523 Verlorene Heimat Süd-Tirol.
Th. Walch Imst 12,–

524 „Geknechtet".
Th. Walch Imst (um 1935) 12,–

525 Einigkeit macht stark. M.S.i.B., 1915 18,–

526 Luke in China.
Sign. C. Wallner, München, 1900 40,–

527 Burenkrieg.
E. Keppler, München, 1900 40,–

528 Gruss von der Maifeier. (Porträt Vollmar)
Druck Thies & Bauer München 80,–

529

531

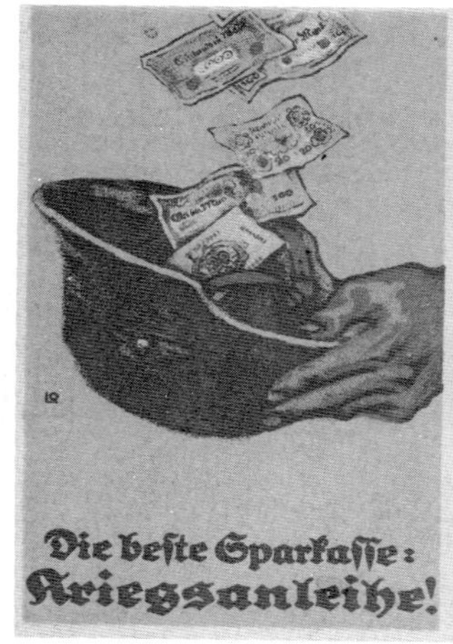

533

530

532

534

529 **Kriegsanleihen.** L.O., Verl. Fritz Maison, München 20,–

530 **Sign. Fritz Erler,** 1918 10,–

531 **Sign. Paul Neumann,** Dr. C. Wolf & Sohn, München 20,–

532 **Sign. Fritz Erler,** Dr. C. Wolf & Sohn, München 10,–

533 **L.O. sign.**
Fritz Schneller Kunstanstalt, Nürnberg 20,–

534 **Kriegs-Ostern 1915,** sign. F. Taborski 20,–

535/536 **90. Geburtstag des Prinzregenten Luitpold,** 1911.
Sign. Julius Diez, Druck: Oscar Consée, München 8,–

535

536

LUDWIG
II.
1886 – 1911
ZUM GEDÄCHTNIS
AN WEILAND S. M. KÖNIG LUDWIG II. VON BAYERN

537

Galerie moderner Meister.
In lichter Waffen Scheine
Ein Ritter nahte da.
So jugendlicher Reine
Ich keinen noch ersah.
Ein golden Horn zu Hüften,
Gelehnet auf sein Schwert, —
So trat er aus den Lüften
Zu mir, der Recke werth.
Mit züchtigem Gebahren
Gab Tröstung er mir ein. —
Des Ritters will ich wahren
Er soll mein Streiter sein!
Richard Wagner
Paul Bayer
Dresden
B 574
König Ludwig als Schwanenritter.
A. Chwala — K. Trill

538

539

541

543

540

542

544

537 25. Todestag Ludwigs II.
Hrsg. von Briefmarkenhandlung Dollinger, Lit. Art. Anstalt München (vorm. Gebr. Obpacher), 1911 **20,–**

538 König Ludwig als Schwanenritter.
Sign. A. Chwala und K. Trill, Paul Bayer Dresden, 1902 **30,–**

539 Wie unsere Feinde Deutschland aufteilen wollen.
Vlg. Kretzschmar, Stuttgart **20,–**

540 Deutsch-Südtirol von Italien annektiert.
Sign. Eduard Thöny, Brend'amour, Simhart & Co.,
München **40,–**

541 Burenkrieg, 1899 **30,–**

542 Bayerische Volkspartei, 1918 **70,–**

543 Südtirol-Frage, E.M.M. **20,–**

544 Die „Times“.
Zeichnung von Julius Diez für die „Jugend“,
„Jugend“-Postkarte, 1902 **50,–**

545

547

546

548

545 Luftschutz, K. & H. 200,–

546 Adolf Hitler, M.M. 150,–

547 3. Reich. Offizielle Postkarten, 30. 1. 1933 3,–

548 1000 km Autobahn. 23. 9. 1936 4,–

549

552

550

553

551

554

BERÜHMTE MÄNNER *(Die Serie der Lith. Artist Anstalt München)*

549	**Hans von Bülow**	**15,–**
550	**Ferdinand Freiligrath**	**15,–**
551	**Johann Ludwig Uhland**	**15,–**
552	**Emanuel von Geibel**	**15,–**
553	**Friedrich Rückert**	**15,–**
554	**Carl Maria von Weber**	**15,–**

555

557

559

556

558

560

555 Richard Wagner und Lohengrin.
Marke Kleeblatt, 1913 15,–

556 Ludwig II.
Ottmar Zieher, München 30,–

557 Tannhäuser.
1913 15,–

558 Ludwig II.
J. Klement, Frankfurt a.M. 25,–

559 Wagners Gesicht, aus den Gestalten seiner Opern zusammengesetzt.
N.V.S.B., 1909 40,–

560 Ludwig II.
Percy Hein, München 20,–

561

563

565

562

564

566

561 Ludwig II.
F.J.H.-M. 35,–

562 Wilhelm II.
Heinr. & Aug. Brüning, Hanau 10,–

563 Wilhelm II.
Heinr. & Aug. Brüning, Hanau 15,–

564 Auguste Victoria.
Stengel & Co., Dresden 8,–

565 Zur Erinnerung a.d. 200jährige Bestehen des Königreichs Preussen.
1901 20,–

566 Wilhelm II.
Stengel & Co., Dresden 8,–

567

568

569

570

571

572

573

574

575

576

577

578

567 B.K.W. **15,–/25,–**

568 Printed in Austria **15,–/25,–**

569 Sign. E. O. Braunthal u. E. Ranzenhofer **15,–/25,–**

570 Sign. Franz Janau **15,–/25,–**

571 Verlag B. Dondorf, Frankfurt a.M. **15,–/25,–**

572 Sig. A.E. Kennedy, 1914 **15,–/25,–**

573 Oxford University Association Football-Club, 1902 **15,–/25,–**

574 Fotokarte, Leipzig, 1912 **15,–/25,–**

575/577 Serie „Primus" W.L.B. **je 15,–/25,–**

578 T.S.N. Sign. Arthur Thiele **15,–/25,–**

579

580

581

582

583

584

585

586

587

588

579 Monogr. T.M. 15,–/25,–

580 1908 15,–/25,–

581/585 B.K.W. (=Wien) je 15,–/25,–

586 Göth-Vlg. Wien-München,
sign. E. Kutzer 15,–/25,–

587 W.S+S.B 15,–/25,–

588 B.K.W. 15,–/25,–

589

590

591

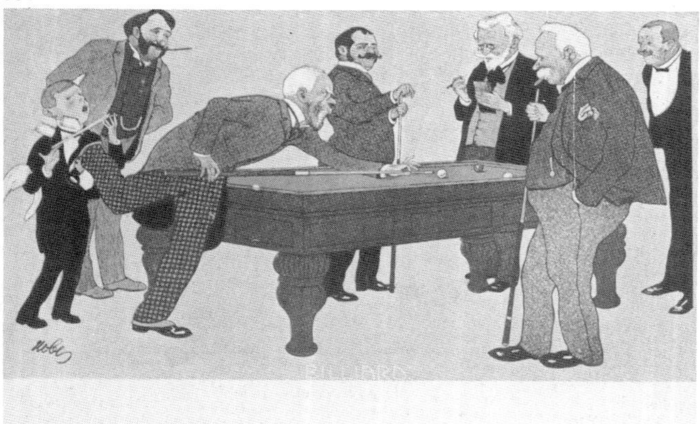

592

593

594

589 Gruß von der Eisbahn.
Heinr. & Aug. Brüning, Hanau 15,–

590 Hip Hip Hurrah! 20,–

591 Billiard. B.K.W. 30,–

592 Billiard. Vlg. Friedrich Andorff, Hamburg 20,–

593 Sign. Morfini 20,–

594 Made in Italy, 1908 20,–

595

596

597

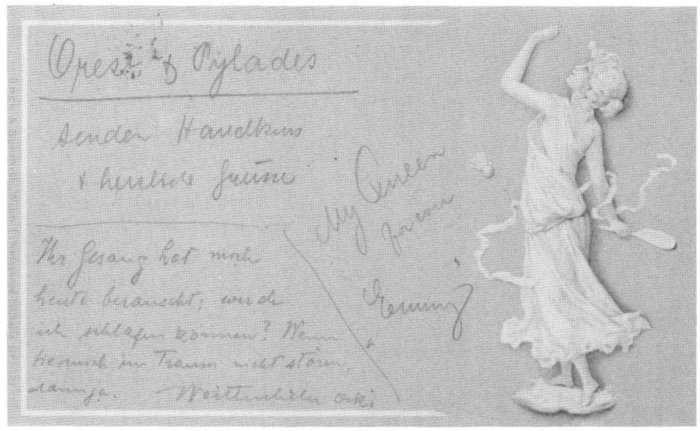

598

599

600

595 Hela Peters:
Ob er wohl kommt? Marke Kunst im Bild **12,–**

596 M. Munk, Wien, 1912 **15,–**

597 Raphael Tuck & Sons.
„Oilette“, Serie „Lawntennisspieler“ **20,–**

598 Wedgewood-Postkarte.
Back & Schmitt, Wien, 1899 **15,–**

599 Mixed Single.
B.K.W., Printed in Austria, 1911 **15,–**

600 1907 **15,–**

601

602

603

604

605

606

601–603 Marke „ERKAL" sign. Usabal **je 15,–**

604–606 Langsdorff & Co., London, sign. E.P. Kinsella **je 20,–**

607

608

609

607 Gesellschaft im Freien.
Montage, Marke L.B. 10,–

608 All Heil, 1898 15,–

609 Probefahrt.
Sign. F. Simm, B.W.i.S. 15,–

610

611

612

610 Kegeln. HWB 25,–

611 T. & R.D., 1905 25,–

612 Vlg. Louis Glaser, Leipzig, 1898 25,–

613

615

617

614

616

618

613 Allheil! 1909 **10,–**

614 Kobolde. Intern. Ansichtskarten-Ges. Berlin **25,–**

615 April! April! HWB **25,–**

616 Gut Holz! Printed in Germany, 1910 **25,–**

617 Prägekarte. Verschickt 1943, ist aber älter **15,–**

618 Bergsteiger auf großem Osterei. B.K.W. 1924 **15,–**

619

622

620

623

621

624

619 Am Brunnen vor dem Tore
1920 **5,–**

620 Am Brunnen vor dem Tore
Aus einer Serie. 1901 **3,–**

621 Im Frankenland
Anton Mayer, Nürnberg um 1905 **10,–**

622 Mein Schatz ist a Reiter
H. Schröder, Berlin **10,–**

623 Gruß von der Musterung
(Bunt geschmückt sind unsere Hüte)
Ges. gesch. beim Amtsgericht Berlin. 1916 **15,–**

624 Not because your hair...
USA, 1907 **10,–**

625

627

629

626

628

630

625 Salvator. Sign. Kraus.
Ottmar Zieher, München, 1906 **10,–/15,–**

626 Gel' da schleckst!
Sign. P. O. Engelhard, 1904 **10,–/15,–**

627 Döas is süffi!
Verlag Sanguinetti, München, 1906
10,–/15,–

628 Oktoberfest.
Ottmar Zieher, München, 1905 **25,–**

629 Bierwärmer gefällig?
Ottmar Zieher, München **15,–**

630 Münchner Kindl.
Reliefkarte **15,–**

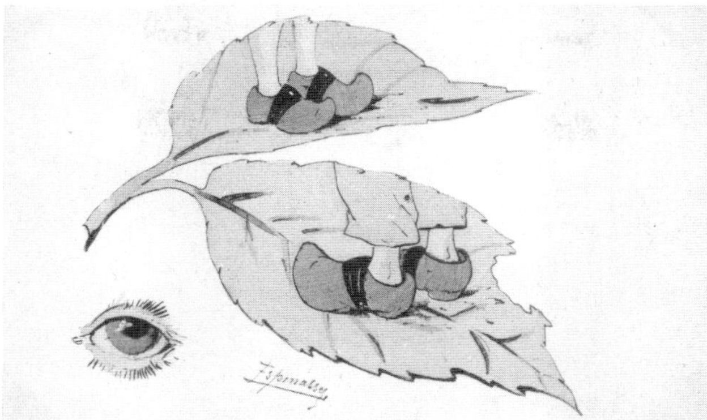

631

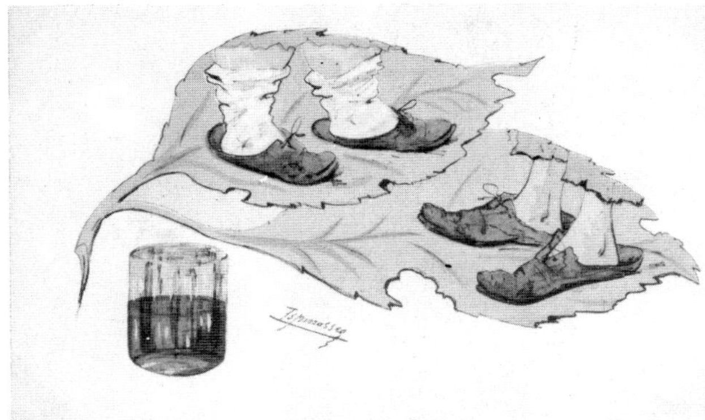

632

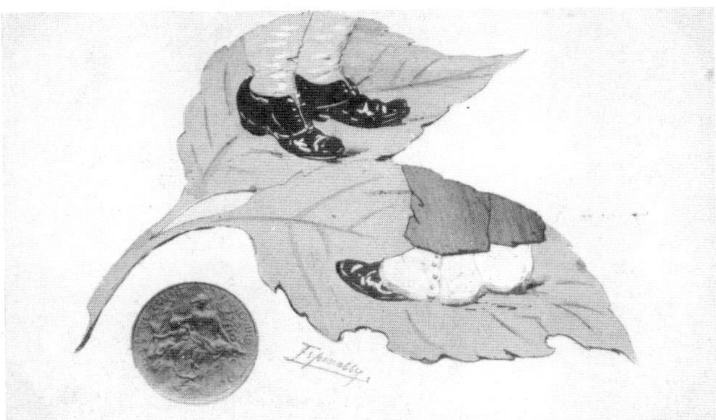

633

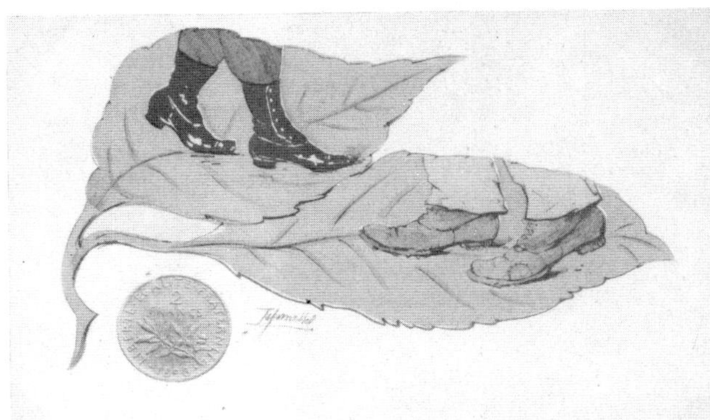

634

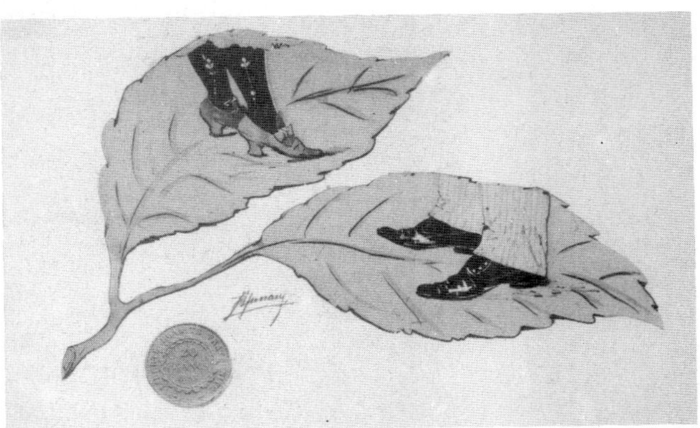

635

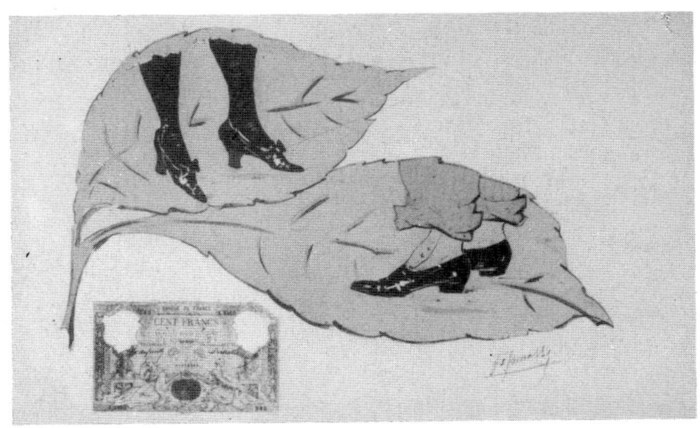

636

631/636 Erotische Serie.
Sign. Espinassy **zus. 200,–**

637 638 639 640 641 642

637/642 Frankreich 1905–1910 und „Oranotypien",
der Neuen Photographischen Gesellschaft in Berlin. Steglitz. 1904 **je 10,–/15,–**

643

644

645

646

647

648

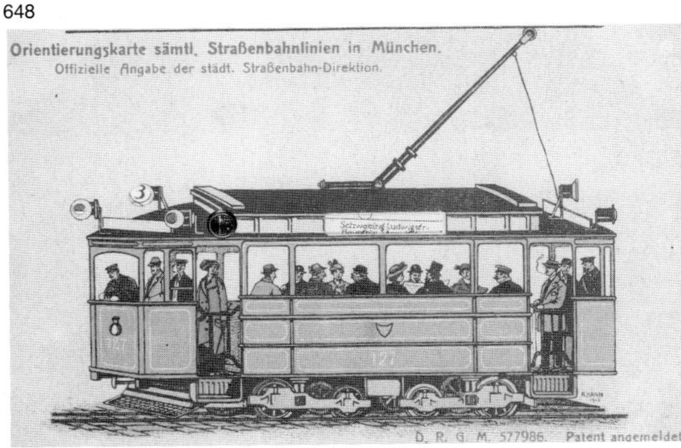

643 Übergewicht! Lith. Anstalt Sachs, Darmstadt, 1896 **40,–**

644 Begräbnis der Pferdebahn.
München 1900, Ottmar Zieher **150,–**

645 Rangier-Bahnhof am Schiller-Monument.
K. Braun & Co., München, 1900 **100,–**

646 Abschaffung der Kuppelei in der Ludwigstraße.
Karl Braun & Co., München, 1900 **100,–**

647 Frankfurt a.M.
Wartenberg u. Co., Frankfurt, 1899 **40,–**

648 Orientierungskarte sämtl. Straßenbahnlinien in München.
Kunstanstalt Albert Ebner, München, Drehkarte D.R.G.M. 577986, sign. R. Kann 1915 **150,–**

Vor allem in Amerika recht beliebt: Tall-Tale cards

649/653 Serie Kalifornischer Früchte,
von Edw. H. Mitchell, San Francisco, 1910 **je 20,–**

649

650

651

654 Tall-Tale-Karte.
Zeitgenössisches Beispiel **je 20,–**

652

653

654

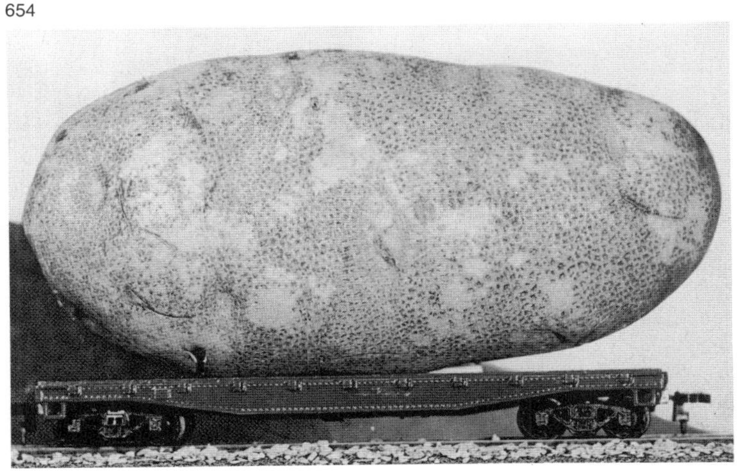

655 Wie geht's?
Greiner & Pfeiffer, Stuttgart, 1899 **20,–**

656 Mein süsses Mäuschen, 1901 **15,–**

657 Sittliche Badeanstalt (um 1910) **40,–**

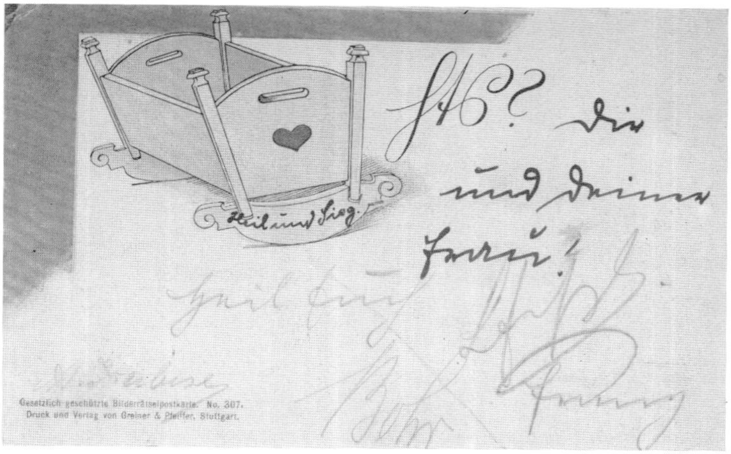

655

656

657

658 Du ahnst es nicht.
R. Lederbogen, Halberstadt, 1898 **15,–**

659 Gruß von der Venus.
Prägekarte (um 1905) **30,–**

660 Scherzkarte, 1912 **15,–**

658

659

660

661 662

663 664

665 666

661 Gesicht, 1902 **18,–**

662 Alte Burschenherrlichkeit,
J.M.B. **20,–**

663 Alles da! 1901 **25,–**

664 C.D. Burk, Stuttgart, 1902 **15,–**

665 Bacchus,
Fotomontage, Neue Photographische Gesellschaft, Berlin **15,–**

666 Hoppla, Du kleiner Gummiball!
Sign. Hans Starcke, Jena, 1899 **20,–**

667

668

669

670

671

672

673

674

675

676

667 Sign. Lothar Meggendorfer, 1904 40,–

668 Kater. Ottmar Zieher, München, 1903 15,–

669 Sign. Lothar Meggendorfer, 1904. 40,–

670 Sign. Arthur Thiele. T.S.N., 1912 30,–

671 Sign. Arthur Thiele. T.S.N. 1914 20,–

672 Ein Auf-Sitzer. B.K.W. 25,–

673 Hasenregatta. B.K.W. 20,–

674 Neujahrsgrüße. L.P., 1926 15,–

675 Micky Mouse. W.S+S.B 35,–

676 Pfingsten, 1930 12,–

677

679

678

680

In bestimmten Bereichen erreicht die Bildkarte die Qualität eines surrealistischen Kunstwerks, vor allem durch das Mittel der Collage. Wer aufmerksam sucht, wird hier sehr schnell lohnende Entdeckungen machen.

677 Baby-Nest.
Made in France, Kolorierte Fotokarte **10,–**

678 C. Andelfinger, München **25,–**

679 Vergiss mein nicht.
S.V.D., 1916 **3,–**

680 Aus Liebe.
W.S.+S.B., 1918 **8,–**

681

682

683

681 Dreiteilige Karte.
(„Was alles in München passiert!") Raubtierkarawane am Karlstor. sign. G. Busse 1908 **60,–**

682 Paray-Le-Monial.
Bonamy, Poitiers **10,–**

683 ABC-Karte.
N.P.G., Berlin **15,–**

684

686

688

685

687

689

684 Wennerberg-Karte der Lustigen Blätter.
Berlin **10,–**

685 Musikverlag „Favorit“
Berlin, 1908 **10,–**

686 Kunstwart-Bilderkarte.
Ernst Kreidolf, Verlag Callwey, München **15,–**

687 Hanfstaengl's Künstlerkarten.
Emil Doepler d.J.: „Das gelobte Land“ **10,–**

688 Jugend-Postkarte.
Richard Pfeiffer: Heimweh, Druck: Knorr & Hirth, München **20,–**

689 Jugend-Postkarte.
Paul Rieth: Mandelbaum an der Riviera **25,–**

690

691

692

693

694

695

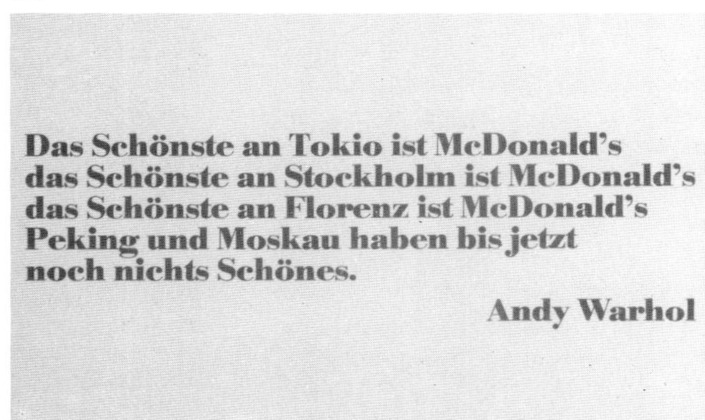

690 Cultur. Rotation Verlag Berlin 10,–

691 Liberty „Coca".
Par Jean Lagarrigue (1978), Editions F. Nugeron, Levallois-Perret 10,–

692 Swimmer of Liberty.
By Michael Langenstein, Published by Artists' Postcards 10,–

693 Venezia.
Edizione Garbizza, Walt Disney Productions

694 McDonalds-München 1981.
Foto: Hias Schaschko, Regenschein Karten, Verlag Schaschko & Freund, München 12,–

695 Edition Westkunst.
Entwurf Hannes Jähn, Verlag der Buchhandlung Walther König Köln 12,–

VERLAGE UND WICHTIGE DRUCKEREIEN

Photocollage aus Münchner Quodlibet-Karten von 1904. Vorlage für das Plakat einer Ansichtskartenausstellung im Münchner Stadtmuseum.

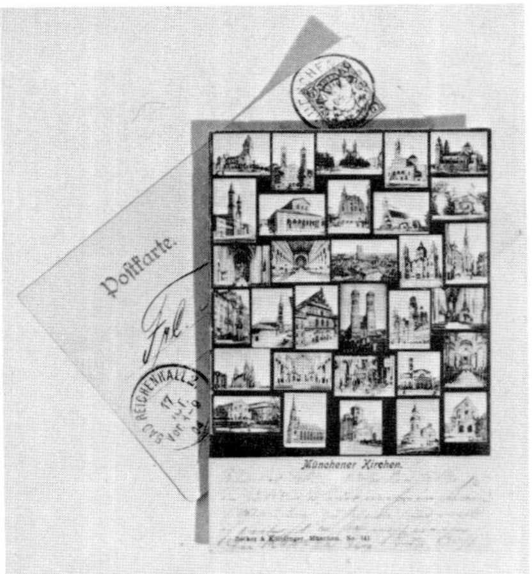

Abshagen, Hans Friedrich,
  Kunstverlag Dresden
Ackermanns, F. A.
  Kunstverlag München
Akt.-Ges. f. Kunstdruck,
  Niedersedlitz b. Dresden
Allmayer, Josefine. Wien
Andelfinger, C.
Auslaender & Kühr, Leipzig
A. B. D.
ASM (im Wappen)

Bader, Caspar, München
Baecker, Kassel
Bayer, Paul, Dresden
Beck, F., München
Beck, Guido, München
Becker & Kölblinger, München
Bernhard, Ernest, München
Bestehorn, Hugo, Magdeburg
Blaschke, O., Prien
Block & Schmidt, Frankfurt a. M.
Boehme, Berlin
Braun & Co. Karl, Berlin S.
Braun & Co. Karl, München
Bruckmann F., AG, München
Brüning, H. & A., Hanau
Brunner, Gg., Nürnberg
Bürckner, Emil, Leipzig
Bürger, Bruno & Ottilie, Leipzig
Burger & Co., München

Consée, Oscar, München

Degi
Deutsch's Postkartenverlag, Wien
Dietrich, Michael, München
Dietrich, Gebrüder, Leipzig
Döring und Huning, Berlin SW
Doering'sche Buch- und Kunstdruckerei
Dondorf, B., Frankfurt a. M.

Ebner, Albert, München
Eckstein & Stähle, Stuttgart
Elchlepp, Joh., Freiburg
Elsner, Otto, AG, Berlin

Felle, E., Isny
Fingerle & Co., Esslingen
Fränzl, Lorenz, München
Frank, Ludwig, München

Gerlach & Schenk, Wien
Gimm, A., Gotha
Glaser, Louis, Leipzig
Göbel & Hildmann, Mainz
Goldiner, Berlin
Greiner & Pfeiffer, Stuttgart
Grödel, D., Frankfurt

Hanfstaengl, München
Hayd, Carl-Otto, München
Hein, Percy, München
Hoegler, Oscar, München
Hoffmann, München
Hoffmann Wilhelm, AG, Dresden
Huber, Franz-Josef, München

John A., H., Frankfurt/M.
Junginger, J., Stuttgart

Keppler, E., München
Kleiner-Verlag, Berlin
Kliophot, Wien
Knackstedt & Näther, Hamburg
Knorr & Hirth, München
Köhler, Hubert, München
Köhn, Emil, München
Kosmos, München
Kreuzkam, Frankfurt a. M.

Lampe, C., Innsbruck
Lautz, Kunstverlag Darmstadt
Lehmann, Herman, Stuttgart
Lehmann, Karl, Dresden
Lehrburger, B., Nürnberg
Leykum, C., München
Lith.-Artist.-Anstalt München
  (Gebr. Obpacher)
Lohe, Arthur, Hamburg

Männer, E., München
Magdeburger, Lichtdruck-Anstalt
Maison, Fritz, München
Martin, Hermann, Nürnberg
Mayer, Anton, Nürnberg
Meisenbach-Riffarth & Co.,
  München
Meissner u. Buch, Leipzig
Miesler, J., Berlin
Minerva, Prag

Moch, Joseph, München
Moriz & Barschall, Neu-Köln
Moser, Hugo, Stuttgart
Munk, M., Wien

Nenke & Ostermaier, Dresden
Neuber, Rafael, Wien
Neue Photographische Ges. AG, Berlin-Steglitz
Neumann, München
Neurdein, Frères, Paris
Novitas, Berlin

Panzer, Johannes, München
Pernat, Hans, München
Prasch, Karl & Co., München
Purger & Co., München

Rauh & Pohle, Leipzig
Rehn, Arthur & Co., Berlin
Rehse & Co., München
Reiner & Lippmacher, München
Röhm, Max., München
Römmler & Jonas, Dresden
Rosenblatt, Frankfurt

Sachs, Darmstadt
Salo, A., Berlin
Salis Verlagshaus, München
Sanguinetti, K., München
Schmidt, S. C., Erfurt
Schmidt-Staub, München-Nürnberg
Schmidt & Co., Lübeck
Schmoller & Co. Herm., München
Schöning & Co., Lübeck
Schwerdtfeger AG., Berlin

Seyfert, Paul, Dresden
Seyfried, C. A., München
Silberfstein, J., München
Stengel & Co., Dresden
Steinhäusser, Augsburg
Stern & Loeb, Frankfurt/M.-London
Strauss, Arthur, New York
Stroefer, Theo, Nürnberg
Stücker, Karl, München

Tannenzweig (Utarke)
Teubner, B. G., Leipzig u. Berlin
Thies & Bauer, München
Trabert, Paul, Florenz, Leipzig
Trenkler & Co., Leipzig
Trinks & Co., Leipzig
Tuck & Sons, Raphael

Velten, J., Karlsruhe

Wehrt, Braunschweig
Wiechmann, Hermann, München
Winkler & Voigt, Leipzig
Wohlgemuth & Lissner, Berlin SW
Dr. Wolf & Sohn, München
Wutz, H.

Zerle, August, München
Zieher, Ottmar, München
Zillessen, B., Bautzen
Zrenner, Ludwig, München

FACHHÄNDLERVERZEICHNIS

Langgöns	Hartmut RAITH, Auktionen
Mainz	Sammlerstudio PHILEUROPE
Marburg	Hermann-Josef HATZIG, Edeltrödel
München	D. HILMER, Philatelie und Ansichtskarten
Norderstedt	Helmut LABAHN, Spezial-Auktionen
Stuttgart	Josip STEFANOVIC, Sammler-Galerie & Antiquariat

Zeitschriften

Essen	Ak Express, Verlag Günter Sobkowiak
Schwäbisch Hall	SAMMLER JOURNAL, Journal Verlag Schwend GmbH

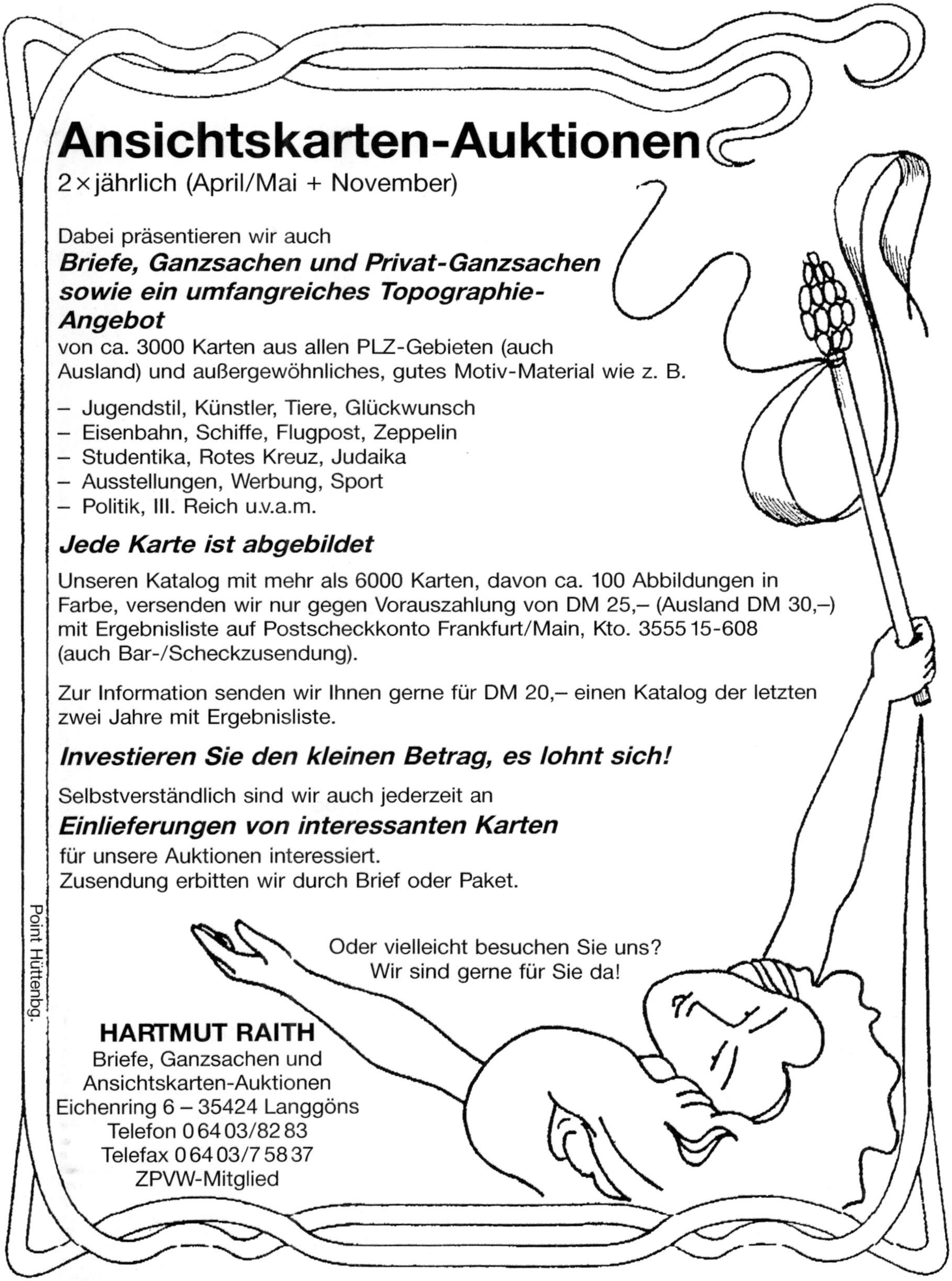
Ansichtskarten-Auktionen
2×jährlich (April/Mai + November)
Dabei präsentieren wir auch
Briefe, Ganzsachen und Privat-Ganzsachen sowie ein umfangreiches Topographie-Angebot
von ca. 3000 Karten aus allen PLZ-Gebieten (auch Ausland) und außergewöhnliches, gutes Motiv-Material wie z. B.
– Jugendstil, Künstler, Tiere, Glückwunsch
– Eisenbahn, Schiffe, Flugpost, Zeppelin
– Studentika, Rotes Kreuz, Judaika
– Ausstellungen, Werbung, Sport
– Politik, III. Reich u.v.a.m.
Jede Karte ist abgebildet
Unseren Katalog mit mehr als 6000 Karten, davon ca. 100 Abbildungen in Farbe, versenden wir nur gegen Vorauszahlung von DM 25,– (Ausland DM 30,–) mit Ergebnisliste auf Postscheckkonto Frankfurt/Main, Kto. 3555 15-608 (auch Bar-/Scheckzusendung).
Zur Information senden wir Ihnen gerne für DM 20,– einen Katalog der letzten zwei Jahre mit Ergebnisliste.
Investieren Sie den kleinen Betrag, es lohnt sich!
Selbstverständlich sind wir auch jederzeit an
Einlieferungen von interessanten Karten
für unsere Auktionen interessiert.
Zusendung erbitten wir durch Brief oder Paket.
Oder vielleicht besuchen Sie uns?
Wir sind gerne für Sie da!
HARTMUT RAITH
Briefe, Ganzsachen und
Ansichtskarten-Auktionen
Eichenring 6 – 35424 Langgöns
Telefon 0 64 03/82 83
Telefax 0 64 03/7 58 37
ZPVW-Mitglied
Point Hüttenbg.